Paul Christoph Gäbler

RED HOT CHILI PEPPERS

40 JAHRE ROCKGESCHICHTE

Paul Christoph Gäbler

RED HOT CHILI PEPPERS

40 JAHRE ROCKGESCHICHTE

Mehr als Drogen, Exzesse und Skandale – die Kultband aus L.A. und ihre Geschichte

riva

Bibliografische Information der Deutschen Nationalbibliothek
Die Deutsche Nationalbibliothek verzeichnet diese Publikation in der Deutschen Nationalbibliografie. Detaillierte bibliografische Daten sind im Internet über http://d-nb.de abrufbar.

Für Fragen und Anregungen
info@rivaverlag.de

Wichtiger Hinweis
Ausschließlich zum Zweck der besseren Lesbarkeit wurde auf eine genderspezifische Schreibweise sowie eine Mehrfachbezeichnung verzichtet. Alle personenbezogenen Bezeichnungen sind somit geschlechtsneutral zu verstehen.

Originalausgabe
1. Auflage 2023

Türkenstraße 89
80799 München
Tel.: 089 651285-0
Fax: 089 652096

Redaktion: Selina Hartmann
Umschlaggestaltung: Maria Verdorfer
Umschlagabbildung: IMAGO/ZUMA Wire
Satz: Röser MEDIA GmbH & Co. KG, Karlsruhe
Druck: GGP Media GmbH, Pößneck
Printed in Germany

ISBN Print 978-3-7423-2371-2
ISBN E-Book (PDF) 978-3-7453-2132-6
ISBN E-Book (EPUB, Mobi) 978-3-7453-2133-3

Wir produzieren nachhaltig
www.m-vg.de

Weitere Informationen zum Verlag finden Sie unter
www.rivaverlag.de
Beachten Sie auch unsere weiteren Verlage unter www.m-vg.de

INHALT

GET ON TOP 7
ESPECIALLY IN MICHIGAN 10
I LIKE DIRT 12
ANIMAL BAR 15
SKINNY SWEATY MAN 17
OTHERSIDE 20
OUT IN L.A. 23
POLICE HELICOPTER 26
PARTY ON YOUR PUSSY 29
BABY APPEAL 31
STORM IN A TEACUP 33
TRUE MEN DON'T KILL COYOTES 36
CAN'T STOP 39
IF YOU WANT ME TO STAY 41
FREAKY STYLEY 44
THE DRUMMER 48
MILLIONAIRES AGAINST HUNGER 50
BEHIND THE SUN 52
THE UPLIFT MOFO PARTY PLAN 55
KNOCK ME DOWN 57
GOOD TIME BOYS 61
FUNKY MONKS 63
MOTHER'S MILK 66
SIR PSYCHO SEXY 69
BLOOD SUGAR SEX MAGIK 72

JOHNNY, KICK A HOLE IN THE SKY 75
HIGHER GROUND 78
WARPED 81
ROAD TRIPPIN' 84
FIRE 86
UNIVERSALLY SPEAKING 90
NOW I'M LOST 93
STADIUM ARCADIUM 95
FACTORY OF FAITH 99
WE TURN RED 101
RETURN OF THE DREAM CANTEEN 103
NACHWORT – FAKE AS FU@K 107
QUELLEN 113
ÜBER DEN AUTOR 123

GET ON TOP

An einem heißen Junitag im Jahr 1978 klettern zwei Teenager über die Dächer von Los Angeles und halten nach dem nächstbesten Pool Ausschau, um von ganz oben hineinzuspringen. Die beiden Jungs heißen Anthony Kiedis und Michael Balzary, haben sich erst vor wenigen Monaten an der Fairfax Highschool kennengelernt und gerade einen dicken Joint zusammen geraucht. Es kann also losgehen.

Das mit dem Über-die-Dächer-Klettern-und-in-Pools-springen ist bereits zur Routine geworden, das mit den Joints auch, auch wenn Anthonys Vater von der Kombination nicht so begeistert ist. Bekifft, hatte er gewarnt, kann das extrem gefährlich werden. Aber Anthony hört nicht auf seinen Vater, erst recht nicht, wenn er ihm Ratschläge zum vorsichtigeren Drogenkonsum gibt. Was weiß der denn schon darüber? Also klettern er und sein bester Freund Michael weiter.

Das Haus, was sie diesmal ausgesucht haben, ist nicht weit von Anthonys Wohnung entfernt und der Pool, in den sie diesmal springen wollen, hat die Form einer großen Träne. Es ist ein typisches Gebäude, gebaut in der Art, wie Menschen aus L.A. das eben mögen, direkt um die Poolanlage herum. Anthony und Michael beschließen, heute nicht vom zweiten Stock, sondern von ganz oben zu springen. Das macht schließlich noch mehr Spaß und insbesondere Anthony hat inzwischen eine ganze Reihe verschiedener Stile entwickelt. Sich seitlich fallen lassen, als Kopfsprung oder auch mit dem Rücken zuerst. Wirklich vorsichtig sind sie bei ihrer Kletteraktion allerdings nicht. Der Lärm scheucht die ersten Anwohner auf.

Sie sollen sofort da runterkommen, schimpft ein wütender Nachbar, aber das ist den beiden Jungs egal. Der kleingewachsene Michael ist zuerst dran, wünscht Anthony einen guten Flug und springt. Anthony hört ein lautes Klatschen und applaudiert. Dann setzt er sich auf das Geländer, sagt dem schimpfenden Nachbarn, dass er sich ficken soll, und springt, ohne noch einmal nach unten zu sehen, los.

Schon im Sprung merkt Anthony, dass das nichts wird. Zu beherzt, mit zu viel Schwung ist er abgehoben. Der Junge fliegt ein paar Meter durch die Luft und landet schließlich neben der Poolträne auf seinen Hacken. Wie betäubt fällt er hintenüber ins Wasser und schafft es geistesgegenwärtig, sich am Poolrand festzuklammern. Michael steht ungläubig daneben. So eine Scheiße, brüllt er noch, als er die Flucht ergreift. Einer der Nachbarn ruft einen Krankenwagen und Anthony wird mit Blaulicht ins Krankenhaus gefahren. Die Diagnose: Das Rückgrat ist gebrochen, die Fersen verstaucht und Anthony wird in eine Tragevorrichtung gehängt. Er bekommt Besuch von seinem wütenden Vater, von Michael sowie seinem weiteren besten Freund Hillel Slovak. Ob er ihm nicht helfen könne, fragt ihn Anthony. Er halte es hier nicht mehr aus, trotz der netten Krankenschwestern, die ihm immer wieder unter der Hand Schmerzmittel gegeben haben.

Hillel fährt seinen Wagen vor, Anthony schwingt sich mit nacktem Arsch aus dem Krankenbett und tapst unsicher die Krankenhausflure entlang. Die mahnenden Worte des Pflegepersonals, er müsse mindestens zwei Wochen hier liegen, um seine Wirbel wieder auseinanderzuhebeln, schlägt er in den Wind. Hauptsache zuhause.

Mehrere Wochen lang liegt Anthony in seinem Bett und kann sich kaum bewegen. Im Hause Kiedis ist immer Betrieb, ständig sind Menschen zu Besuch, um sich bei Anthonys Vater Blackie mit Drogen einzudecken, die dieser in großen Mengen zuhause lagert. Marihuana, Speed, Kokain, Heroin – es gibt nichts, was Blackie nicht auf seiner Speisekarte führt, und auch nichts, was Anthony nicht schon genommen hätte. Auch eine Kundin seines Vaters, eine junge Schauspielerin, kommt immer wieder zu Besuch. Sein Rückgrat sei gebrochen, mahnt Anthony sie immer wieder, sie solle vorsichtig mit ihm umgehen. Macht sie aber nicht. Die Heilung gelingt dennoch.

Ein Buch über eine Band, das nicht mit einer Geschichte über Musik beginnt, nicht mal über heftigen Drogenkonsum, wie er in der Gruppe später noch üblich sein wird? Die Geschichte mit dem verunglückten Poolsprung steht exemplarisch für den Lebensstil eines Anthony Kiedis, der immer hoch hinauswollte, für den es nie genug gab, selbst mit gebrochenem Rückgrat. Michael Balzary wird bald den Künstlernamen Flea, Englisch für Flo, annehmen, zu einem der besten Bassisten der Welt aufsteigen und auch der Absprung von den Dogen wird ihm gelingen. Hillel Slovak hingegen, der Freund, der Anthony aus dem Krankenhaus schmuggelte, wird nur zehn Jahre später an einer Überdosis Heroin und Kokain sterben.

Dies ist die Geschichte der Red Hot Chili Peppers.

ESPECIALLY IN MICHIGAN

Strand, Sonne, gute Laune und der leicht säuerliche Geschmack von LSD auf der Zunge – vermutlich hat keine Band so sehr das Klischee der kalifornischen Sorglosigkeit in sich aufgesogen wie die Red Hot Chili Peppers, eine Band, deren Musik und deren Mitglieder schwer in Schubladen zu ordnen sind. Wenn überhaupt, dann bräuchten sie eine ganze Aktenreihe.

In der Musik, die die Band im Schmelztiegel von Los Angeles erfunden hat, haben sich die Stile Funk, Punk und Hip-Hop so ineinander verwachsen, dass sie eine neue, bis dahin nicht bekannte Einheit bildeten. In der Musikwissenschaft bezeichnet man dies als Crossover – auch weil die Band in verschiedenen Chartkategorien erfolgreich ist.

Es ist eine Band, die vom Exzess geprägt ist, von stundenlangen Jamsessions in Garagen und Kellern, von wilden Partys, heftigem Streit und vielen Wechseln, Abschieden und Versöhnungen. Der Verschleiß an Gitarristen und Schlagzeugern ist enorm, die einzigen beiden Konstanten im Bandgeschehen bleiben stets Michael Balzary alias Flea am Bass und Anthony Kiedis als Sänger. Mit den Ende der Achtziger dazustoßenden John Frusciante an der Gitarre und Chad Smith am Schlagzeug findet sich letztendlich die Kernbesetzung, mit der die Band ihre größten Erfolge feiern wird.

Doch überraschenderweise beginnt die Geschichte der Band nicht in Kalifornien. Typisch für die Sogwirkung dieser Stadt ist nicht mal eines der Bandmitglieder in Los Angeles geboren. Stattdessen beginnen wir, über 3.500 Kilometer entfernt im deutlich kühleren Michigan, genauer in Grand Rapids, der zweitgrößten Stadt des Staates. Hier wird am 1. November 1962 Anthony Kiedis im St. Mary's Hospital geboren. Seine Mutter, eine Sekretärin und von allen nur Peggy genannt, hatte kurz zuvor den Lebemann John geheiratet und sich auf ein ruhiges, beschauliches Leben mit Kind und Garten eingestellt. Ihr Mann allerdings träumt von einer Karriere als Filmschauspieler und so ist es nur eine Frage der Zeit, bis er die Enge und Kälte von Grand Rapids nicht mehr erträgt. Da kommt es ihm ganz gelegen, dass er nur zwei Jahre nach seiner Vaterwerdung an der UCLA, der University of California in Los Angeles, im Film Department angenommen wird. Mit Sack und Pack zieht er Richtung Westen, dreht Kurzfilme und schafft sogar den ein oder anderen Erfolg – wenn auch auf Kosten seiner Ehe und seiner Rolle als Vater. Seine ständigen Ausschweifungen und der zunehmende Drogenkonsum führen letztendlich zur Trennung und so dauert es auch nicht lange, da ist Anthony mit seiner Mutter wieder zurück im kalten Michigan.

Das Einzige, was Anthony noch von seinem Vater bleibt, sind die Pakete, die er in unregelmäßigen Abständen über den halben Kontinent schickt. Die enthalten nicht nur Süßigkeiten, sondern auch coole Dinge wie T-Shirts, Platten und kurze Schriftstücke aus seinem bewegten Leben auf der sonnigen Seite der USA. John, der sich damals bereits den Künstlernamen Blackie Dammett zugelegt hatte, schafft zwar nie einen wirklichen Durchbruch, ist aber in der Szene gut vernetzt. Er hängt mit Leuten wie Lou Reed, Alice Cooper oder John Lennon ab, wie er dem kleinen Anthony stolz am Telefon erzählt. Der kennt die Namen damals zwar noch nicht, aber jemanden mit so einem Namen würde man in Grand Rapids nie im Leben treffen. Vor allem aber, das begreift auch Anthony in dieser Zeit, verdient sein Vater sein

Geld als Dealer, der für die Upper Class von Hollywood alles Mögliche organisiert.

Vor allem die sommerlichen Besuche in Los Angeles führen bei Anthony dazu, dass er weg möchte aus dem tristen Grau Grand Rapids, genau wie sein dauerbekiffter Vater viele Jahre zuvor. Seine Mutter hat inzwischen das dritte Mal geheiratet, zunächst einen alten Freund ihres Ex-Mannes, den sie irgendwann hinausgeworfen hat, nachdem er erneut den Job verlor. Schließlich lernt sie einen liebenden, kümmernden Arzt und Familienvater kennen. Anthony kann sich sicher sein, dass seine Mutter bei ihm in guten Händen ist.

Im Sommer 1973 ist es dann so weit: Peggy gibt ihren Widerstand auf und erlaubt ihrem nicht mal zwölfjährigen Sohn, zu seinem Vater nach Los Angeles zu ziehen. Aber unter einer Bedingung: Er müsse auf jeden Fall die Schule fertig machen. Der Rest sei ihr egal.

I LIKE DIRT

Als Michael Peter Balzary am 3. Dezember 1980 das erste Mal ein Punkrockkonzert besucht, ist der Teenager entsetzt von dem, was sich da auf der Bühne und, noch schlimmer, im Publikum abspielt. The Germs und Black Flag liefern eine furiose Show, die Menge tobt und eskaliert, es wird gepogt, mit Bier um sich geschmissen, geschwitzt, geschrien und sich auch noch geprügelt – das ist zu viel für den jungen Michael, der mit dieser Welt damals noch gar nichts anfangen kann. Punkrock ist einfach nichts für ihn, er findet dieses Benehmen furchtbar.

Ein Außenseiter war Michael schon immer. Geboren wird er am 16. Oktober 1962 im australischen Melbourne, an einem Tag, der so heiß war, dass man ein Spiegelei auf dem Bürgersteig hätte braten können. Sein Vater, Michael Balzary sen., nimmt vier Jahre später einen Job im australischen Konsulat in New York an und so geht es mit Frau, Sohn und Tochter in die Vereinigten Staaten. Der kleine Michael muss seinen geliebten schwarzen Labrador Bambi zurücklassen. Dass er nicht mal richtig Abschied nehmen konnte, wird er seinen Eltern lange übel nehmen.

Wieder vier Jahre später lernt Michaels Mutter Patricia den Jazzmusiker Walter Urban kennen, verliebt sich und lässt sich von ihrem Mann scheiden. Der geht zurück nach Australien, Sohn und Tochter bleiben bei der Mutter, die mit ihrer umgebauten Familie nach Los Angeles zieht. Wirklich Anschluss findet Michael dort aber nicht. In der Schule wird er wegen seines eigenartigen Akzents gehänselt, der australisch anmutet, aber durch die Jahre in New York eingefärbt ist. Freunde hat Michael damals keine und Freundinnen erst recht nicht.

Auch die Beziehung zu seinem Stiefvater ist schwierig. Auf der einen Seite wird Walter einen der größten Einflüsse auf sein späteres Leben haben – er ist es, der die Liebe zur Musik in dem Jungen, der noch nicht einmal ein Teenager ist, entflammen lässt. Immer wieder lädt Walter seine Musikerkollegen zu Jamsessions nach Hause ein, denen Michael mit großen Augen beiwohnt. Jazz wird Michaels große Leidenschaft, er beginnt, Trompete zu spielen und hat dabei auch ziemlich schnell Erfolg. Er spielt im Schulorchester und schafft es sogar in eine Landesauswahl. Seine großen Vorbilder heißen damals Miles Davis, Louis Armstrong und Dizzy Gillespie, deren Platten er auswendig lernt. Insbesondere Gillespie verehrt der kleine Michael abgöttisch und als seine Mutter ihm 1974 eine Konzertkarte für den Trompetenvirtuosen kauft, wähnt sich der knapp Zwölfjährige auf Wolke Sieben.

Doch sein Stiefvater hat, neben der liebevollen, musizierenden Seite auch eine ganz andere. Allabendlich mutiert er zu einem prügelnden, schimpfenden Alkoholiker, der in seinen Tobsuchtsanfällen die Wohnung kurz und klein schlägt und auch vor seinen Stiefkindern nicht Halt macht. Michaels Schwester Karyn ist es irgendwann genug, sie zieht zurück nach Australien zu ihrem Vater und ist nur noch unregelmäßig in Kalifornien zu Besuch. Eine ihrer letzten Amtshandlungen ist es, ihren jüngeren Bruder an einem Joint ziehen zu lassen. Michael gefällt das wohlige Gefühl, in Watte eingepackt zu sein, die Welt um sich herum kurz zu vergessen und grundlos gute Laune zu haben. Also beginnt er mit gerade einmal 13 Jahren, regelmäßig Cannabis zu rauchen, während er durch die Straßen von Los Angeles zieht. Zuhause vermisst ihn niemand. Seine Mutter und erst recht sein Stiefvater haben genug andere Sorgen.

Radikal ändern wird sich Michaels Leben, als er 1976 an die Fairfax Highschool wechselt und dort zwei wichtige Bekanntschaften macht. Das erste Jahr verläuft unspektakulär. Michael ist ein stummer Schüler, der wenig von sich preisgibt und sich in seiner Nerdigkeit mehr und mehr zurechtfindet. Doch als ihn eines Tages einer seiner Mitschüler zum wiederholten Mal wegen seiner abstehenden Ohren und der schmächtigen Figur hänselt, nimmt Michael ihn in den Schwitzkasten. Ein junger Typ stürmt auf ihn zu und befiehlt ihm, den Jungen sofort loszulassen. Michael gehorcht widerwillig und lässt ihn gehen. Der Typ, der sich da als Rächer der Unterdrückten aufgespielt hat, wird daraufhin sein bester Freund. Dieser heißt, wenig überraschend, Anthony Kiedis.

ANIMAL BAR

Im Jahr 1977 klopft der junge Anthony Kiedis an die Wohnwagentür eines großen Stars und bittet um Einlass. Kiedis hat es geschafft, er ist Schauspieler geworden wie sein Vater und hat im Gewerkschaftsthriller *F.I.S.T. – Ein Mann geht seinen Weg* eine ganz besondere Rolle abgestaubt: Als Kevin Kovak darf er den Sohn der Hauptfigur geben und die wird von niemand geringerem gespielt als dem großen Silvester Stallone, dem gerade mit *Rocky* der internationale Durchbruch gelungen ist. Spielvater und -sohn haben nicht viele gemeinsame Szenen, aber, so denkt zumindest Anthony, sie sollten das doch durchaus mal proben. Also klopft er an die Tür und fragt, ob sie nicht mal den Text gemeinsam durchgehen wollen.

Aber Sylvester Stallone hat keine Lust. Kurzerhand lässt er den Jungen, der da vor seinem Wohnwagen herumlungert, entfernen.

Die vielen Drehs sorgen bei Anthony vor allem für volle Kassen, in seiner Schule ist er beliebt und er versucht sich seinem großen Vorbild, seinem Vater, immer weiter anzunähern. Als dieser sich die Haare abschneidet, tut Anthony es ihm gleich. Auch seinen Namen passt er entsprechend an und nennt sich vor der Kamera nun Cole Dammett.

Wer in dieser Zeit die Wohnung von Blackie und Cole Dammett betritt, würde wohl kaum annehmen, dass hier ein kleiner Junge mitwohnen würde. Die Zwei-Zimmer-Wohnung ist dauerhaft frequentiert, mit den schillerndsten und lautesten Menschen, die Los Angeles so zu bieten hat. Nicht ungewöhnlich, dass Anthony erst spät abends von einem seiner ewig dauernden Streifzüge durch die Großstadt zurückkehren und im Wohnzimmer koksende, bärtige Männer in langen Gewändern oder nackte Frauen vorfinden würde. Nur im Ausnahmefall, wenn die Partygeräusche wirklich nicht mehr zu leugnen sind, klopft Anthony vorsichtig an die Wand – er müsse schließlich morgen zur Schule. Viele Regeln gibt es in ihrem Männerhaushalt nicht, die Schule aber hat Priorität. Wenn er es gar nicht mehr zuhause aushält, streift er entweder durch die Gegend oder wird von Freunden seines Vaters gebabysittet – unter anderem auch von Pop-Diva Cher, die zusammen mit ihrem Ehemann Sonny Bono so etwas wie die Ersatzeltern von Anthony werden. Eines Nachts, Cher hat Anthony gerade ins Bett gebracht, kann er ihr durch die halb geöffnete Badezimmertür beim Umziehen zuschauen.

In dieser Zeit macht der junge Anthony einige einschneidende Erfahrungen. Er raucht mit seinem Vater den ersten Joint, später wird er auch sein Koks probieren und mit 13 verwechselt er Kokain mit Heroin – das wohlige Betäubungsgefühl aber gefällt ihm ausgesprochen gut. Und auch beim ersten Sex spielt sein Vater eine wichtige Rolle.

Im Rainbow, einem der gefragtesten Clubs in West Hollywood, haben Vater und Sohn ihren Stammplatz. Von hier können Blackie und Anthony gut überschauen, welche Berühmtheiten diesmal hereinschneien, und wer Drogen braucht, kann sich einfach diskret dazusetzen. Eines Abends, Blackie hat sich gerade mit einer Kundin etwas abseits gesetzt, um mit dem Nagel ihres kleinen Fingers Kokain zu ziehen, kommt auch Keith Moon vorbei, Drummer der legendären Rockgruppe The Who, die bereits in den Sechzigern späteren Punkbands den Weg ebnete. Dass er Anthony überhaupt anspricht, ist schon etwas besonders. Die meisten der hier anwesenden Stars ignorieren den Jungen geflissentlich. Was er denn hier zu suchen habe, möchte Moon wissen und legt den Arm um ihn. Es sei doch schon spät und er müsse doch morgen sicher in der Schule sein? Anthony mag den jungen Briten gut leiden, der von allen immer nur Moon the Loon genannt wird (loon kurz für lunatic, also »Moon, der Irre«). Nur wenige Jahre später stirbt Keith Moon mit 32 Jahren an einer Überdosis Clomethiazol – ein Beruhigungsmittel, mit dem er versuchte, von seiner Alkoholsucht wegzukommen.

Aber weg von den Drogen, zurück zum Sex: Diese Kimberley, fragt Anthony seinen Vater, sei das seine richtige Freundin? Nein, die kaufe nur ab und zu ein und ja, sie hätten auch etwas miteinander gehabt, lässt Blackie ihn wissen.

Okay, fragt Anthony und nimmt all seinen Mut zusammen: Ob das okay für seinen Vater wäre, wenn er, Anthony, was mit ihr haben könnte? Dem stünde nichts im Wege, sagt sein Vater. Als am Abend die 19-jährige Jungschauspielerin zu Besuch kommt, geschieht das Unvermeidliche: Anthony Kiedis verliert kurz vor seinem zwölften Geburtstag seine Unschuld im Bett seines Vaters.

SKINNY SWEATY MAN

Er hatte ihn schon länger im Visier gehabt. Hillel Slovak wusste, dass dieser junge Nerd mit den Segelohren, der Zahnlücke und den blonden Locken Musik macht und das sogar ziemlich gut. Ständig lungert er im Musiktrakt rum, einmal hat er mitten auf der Straße die Trompete ausgepackt und drauf los gespielt. Also spricht er ihn an. Ob er nicht in seiner Band Anthym den Bass übernehmen wolle? Ihr eigener Bassist sei nicht wirklich gut und ihm fehle die Musikalität. Um das Eis zu brechen, lädt Hillel ihn zu sich nach Hause ein und zeigt ihm, wie es geht. Besonders die Slap-Technik, das Schlagen mit dem Daumenknochen auf die Saite, um einen harten, metallischen Ton zu erzeugen, sei am allerwichtigsten, um die von beiden aktuell favorisierte Musikrichtung zu spielen: Funk. Für den weiterhin eher auf Jazzmusik stehenden Michael ein akzeptabler Kompromiss zwischen Rock und Jazz. Damit kann er sich anfreunden. Michael lernt sehr schnell, erweitert die Slap-Technik mit dem Daumen um ein weiteres Feature, indem er die oberen Seiten gleichzeitig mit dem Mittelfinger zupft. Diese Art, Bass zu spielen, wird später zu seinem Markenzeichen.

Für Michael ist es, als würde er eine neue Welt betreten. Mit Anthony ist er inzwischen gut befreundet. Auch, dass dieser schon nach wenigen Monaten mit seiner Schwester schläft, findet Michael nicht schlimm und schaut sogar heimlich durchs Fenster dabei zu. Gemeinsam fahren sie in den Skiurlaub, brechen jeden Abend in eine Wäscherei ein, wo sie sich unter einem Regalbrett zusammenkauern und die Nächte verbringen – Geld hatten sie schließlich keins. Und als sich ein Skiverleiher weigert, ihnen die Bretter auszuhändigen, kehrt Anthony kurz darauf als Frau verkleidet zurück und macht den Mann zur Schnecke: Was falle ihm überhaupt sein, »ihren Sohn« so zu behandeln? Zum ersten Mal in seinem Leben hat Michael richtige Freunde. Und auch für Anthony wird die Bekanntschaft mit Hillel Slovak wegweisend. Als sie sich nach einem Konzert von Hillels Band Anthym kennenlernen, verstehen sie sich direkt so gut, dass Anthony noch am selben Abend feststellt, in Slovak einen Seelenbruder gefunden zu haben.

Hillel Slovak wird am 13. April 1962 in Haifa geboren. 1967 eskaliert der sogenannte Sechs-Tage-Krieg, als Israel einen

Präventivschlag gegen das immer näher rückende ägyptische Militär verübt. Daraufhin kommt es zu heftigen Kämpfen zwischen Israel auf der einen sowie Jordanien und Ägypten auf der anderen Seite. Den Slovaks, die in Haifa wohnen und damit direkt im Konfliktgebiet, ist das zu viel – sie wandern in die Vereinigten Staaten, genauer gesagt nach Los Angeles aus.

Dort lebt Hillel ein normales Teenagerleben, lernt mit 12 Jahren Gitarre spielen und wird dabei ein großer Fan von Gitarrenlegende Jimi Hendrix, dessen Stil er so gut es geht zu übernehmen versucht. Neben der Musik ist es auch die Malerei, der sich Hillel gerne widmet. Aber noch eine ganz andere Band ist für ihn und seinen besten Freund Jack Irons, Schlagzeuger von Anthym, am prägendsten: Es sind die Glamrocker Kiss, deren musikalischer Stil und wilde Bühnenperformance die Teenagerherzen so erobern, dass sie es sogar schaffen, die aufwendige Bühnenverkleidung und Schminke perfekt zu imitieren. Ausgestattet mit Blutkapseln, Instrumenten und einem originalen Sackschutz spielen sie an ihrer Schule eine Covershow. Alain Johannes, Gitarrist von Anthym, der später als Gitarrist von Queens of the Stone Age Berühmtheit erlangen wird, überprüft noch, ob der Sackschutz echt ist. Unter Schmerzen stellt er fest: ist er.

Während sich die Band langsam findet, schafft Hillel es auch noch, seinen neuen Freund Anthony mit einzubeziehen. Für ein paar Auftritte der jungen Band wird er als Aufwärmer engagiert, rennt auf die Bühne und heizt dem Publikum mit Gymnastikeinlagen, Witzen und Sprechchören ein. Als natürlich extrovertierter Mensch findet Anthony schnell Gefallen an dieser Rolle, auch wenn er sich zu der Zeit nicht einmal im Ansatz vorstellen kann, selber etwas mit Musik zu machen. Eine Lehrerin der Fairfax Highschool ist es, die sein schreiberisches Talent entdeckt und fördert. Also schreibt er kleine Gedichte, die er aber noch unter Verschluss hält. Hillel wiederum ist ganz begeistert von den geschickten Reimen und schlägt ihm vor, einige der Gedichte beim Warm-up vorzulesen.

Ohne Hillel Slovak wären Michael Balzary und Anthony Kiedis vermutlich keine Rockmusiker geworden. Michaels Transformation vom biederen Jazzpuristen zum Punk nimmt immer konkretere Formen an. Weil er bei den Proben ständig wie ein Verrückter durch die Gegend springt, entwickelt sich auch sein neuer Spitzname: Mike B. The Flea nennen sie ihn in der Band nur noch, was bald zu Flea abgekürzt wird. Er nennt sich bis heute so.

OTHERSIDE

Im Sommer 1981 ist es so weit: Anthony Kiedis setzt sich das erste Mal eine Heroinspritze. Erfahrung mit dem Werkzeug hatte er schon reichlich, nachdem er beobachtet hatte, wie sein Vater und dessen Kundschaft sich regelmäßig Kokain injizierten. Das, so erzählten sie ihm, solle noch viel stärker wirken als geschnupft, also bekam er damals, als 14-jähriger, nach vielen und häufig wiederholten Bitten auch eine Ladung ab. Und tatsächlich, es wirkt viel stärker und heftiger, aber das Runterkommen wird noch unangenehmer als ohnehin schon. Das extreme Hoch wird von einem noch extremeren Tief abgelöst, was nur durch einen weiteren Schuss aufgefangen werden kann – ein klassischer Teufelskreis.

Mit Heroin aber, so erzählte man ihm damals, sei das nicht zu vergleichen.

Die Fairfax Highschool haben inzwischen alle absolviert, das Berufs- und Unileben hat begonnen. Hillel Slovak wohnt noch zuhause und setzt nahezu alles auf seine Band mit Jack Irons, die inzwischen von Anthym in What Is This umbenannt wurde. Die sind weiterhin live eine Wucht, erspielen sich eine große und eingeschworene Fangemeinschaft und alles läuft super. Bis Flea überraschend verkündet, die Gruppe verlassen zu wollen. Der Grund ist ein simpler: Er wurde abgeworben. Fear sind eine der zurzeit angesagtesten Punkbands der Stadt, konnten schon landesweit Aufmerksamkeit auf sich ziehen und haben ihn direkt angefragt. Flea ist davon so geehrt, dass er eine Grundsatzentscheidung treffen muss: Der Stoner Rock mit Funkeinflüssen von What Is This oder der dreckige, schnelle Punk von Fear? Dass er sich für die zweite Variante entscheidet, sorgt für große Irritationen. Vor allem Hillel ist extrem enttäuscht. Für mehrere Wochen sprechen sie nicht mehr miteinander. Ausgerechnet er, der doch Punk lange so verabscheute und den er erst zum Bass gebracht hatte, sucht sich eine neue Band. Es dauert einige Zeit, bis Hillel bereit ist, dies zu verzeihen.

Bei Fear wird Flea schnell zum Publikumsliebling, muss aber mit einem Plektrum spielen lernen. Er fügt sich widerwillig, lernt viel dazu und entwickelt dazu seinen verrückten und extrovertierten Bühnenstil weiter. Um Geld reinzuholen, arbeitet er in einer Tierarztklinik und wird Experte darin, Hunde- und Katzenkadaver auseinanderzunehmen.

Anthony schreibt sich unterdessen für Politikwissenschaften und Kreatives Schreiben an der UCLA ein, also an derselben Uni, die bereits sein Vater besucht hat und die ihn damals aus dem verschneiten Grand Rapids herauslockte. Aber

Anthonys Unikarriere läuft nicht nach Plan und es dauert nur wenige Monate, da lässt er sein Studium links liegen – das könnte aber auch mit seinem schon damals äußerst verschwenderischen Lebensstil zusammenhängen. Er hat viele wechselnde Jobs, die er selten lange behält, bevor man ihn rausschmeißt. Mit Flea und einem weiteren Mitbewohner wirft er all sein Geld zusammen und mietet sich ein kleines Häuschen mit Garten in West Hollywood, was insbesondere für ihre wilden und ausschweifenden Partys bekannt wird. Als eines Tages der Vermieter Wind davon kriegt, schmeißt er die Bande wieder raus – bis auf den Mitbewohner, der die ganze Sache gepetzt hatte. Anthony und Flea nehmen in dieser Zeit nahezu alles: LSD, Kokain, Speed und Schmerzmittel sind an der Tagesordnung, Alkohol sowie Cannabis gehören ohnehin längst zum Grundinventar. Bis zu diesem einen verhängnisvollen Tag, an dem Anthony mit Heroin in Berührung kommt.

Ein Arbeitskollege von einem seiner ungeliebten Bürojobs ist es, der ihm den ersten Schuss setzt. Als Anthony ihn gefragt hatte, warum er permanent am Grinsen sei, hatte er ihm von der Wunderdroge erzählt. Wenn er wolle, könne er ihn in diese Welt einführen – Junkies freuen sich für gewöhnlich sehr darüber, ihre Gewohnheiten mit der Welt zu teilen und neue Menschen an ihren Konsum heranzuführen, schon alleine, um sie für den ersten Schuss zahlen zu lassen.

Flea schaut skeptisch zu, wie der Löffel angeheizt wird, die klumpige Masse schmilzt und schließlich über eine Nadel in den Arm seines Freundes gespritzt wird. Davon könne man doch sterben, hatte er mal gehört. Aber nach Sterben ist Anthony gar nicht zumute. Er fühlt sich breit, ein wenig betäubt und euphorisch – aber er fühlt nichts, was er nicht auch schon mit anderen Drogen erlebt hatte. Tatsächlich ist er von der Wirkung des Stoffes eher enttäuscht, wohl auch, weil die Substanz relativ schwach gewesen sein muss. Das wollte er direkt nochmal probieren.

OUT IN L.A.

Anfang Februar 1983: Anthony Kiedis, Flea, Jack Irons und Hillel Slovak sitzen in Fleas neuer Behausung zusammen und sind high as fuck. Das Haus ist von Dutzenden Künstlerinnen, Musikern und einer strengen Haushälterin bewohnt, die entweder zu senil oder zu gutgläubig ist, um den massenhaften Drogenmissbrauch, der in ihren Räumlichkeiten stattfindet, zu bemerken. Da das Wohnhaus am Wilton Place gelegen ist, nennen sie den Ort intern nur noch Wilton Hilton. Anthony ist inzwischen obdachlos und pendelt zwischen seinen Bekannten, seinen verschiedenen Freundinnen und diversen Couches hin und her, aber bei Flea wohnt er am liebsten – was auch daran liegen mag, dass dieser eine gute Koksquelle entdeckt hat, die ihm für eine Stunde Bassunterricht eine halbe Unze abdrückt.

Anthony ist immer noch ganz aus dem Häuschen von dem Auftritt von Grandmaster Flash, den DJ und Hip-Hop-Pionier, den er erst vor wenigen Tagen live gesehen hat. Man muss ja gar keine goldene Stimme haben, um ein guter Sänger zu sein, wurde ihm an diesem Abend klar. Ein guter Rhythmus, ein guter Text – das war doch schon die halbe Miete.

Flea, Jack und Hillel haben sich dafür gerade komplett in eine neue Band aus New York verliebt, die sich Defunkt nennt, völlig abgefahrene, nie dagewesene Musik macht, in der alle Klischees über Disco, Jazz und Funk über Bord geschmissen und zu einem neuen Sound zusammenrührt werden. Während ihre Platte auf Dauerwiederholung über den Plattenteller fliegt, beginnt Flea am Bass das Riff von »Make Them Dance« nachzuspielen. Genau in diesem Moment macht es in Anthonys Kopf Klick und er fängt an, über das Riff einen Text zu improvisieren. Hillel schnappt sich seine Gitarre und schrammelt einen E9-Akkord, während Jack auf Sachen eintrommelt, die gerade so rumliegen. Das Fundament steht, nun muss nur ein Text her. Anthony entscheidet sich für ein Thema, mit dem er sich auskennt: mit seinen Freunden in Los Angeles Party machen und um der Tradition des Hip-Hop treu zu bleiben, schreibt er noch eine Strophe über sein sexuelles Können dazu. Er nennt den Song »Out in L.A.« – das ging ja einfach! Da der Song gemeinsam beim Jammen entstanden ist, werden alle vier Mitglieder als Komponisten genannt. Ein Grundsatz, an dem die Band bis heute festhält.

Einen passenderen Anlass für so eine Traumgeburt könnte es gar nicht geben, denn man hatte sie bereits gebucht, obwohl es noch überhaupt keine Band gab. Gary Allen, ein befreundeter Musiker, wollte mit seiner Punkband Neighbors Voices in der »Rhythm Lounge« in Long Beach auftreten und hatte nach einer Vorband gesucht. Warum auch immer, hatte er Anthony gefragt, ob der nicht als kleines Special mit dem Rest von What Is This auftreten wollte, als einmalige Sache natürlich und auch nur, um die Stimmung auf Vordermann zu bringen, denn Gary Allen plante zusätzlich zum Auftritt seiner Band noch eine kleine Kabarettdarbietung zu kredenzen. Mit anderen Worten: Es würde ein chaotischer Abend werden, ohne Sinn und Verstand – und wer hätte da besser reingepasst als Anthony und seine Freunde?

Auf der mikroskopisch kleinen Bühne in der »Rhythm Lounge« ist nicht viel Platz, gerade genug, dass die vier Musiker darauf passen, und auch vor ihnen ist nicht allzu viel los. Etwa 30 Leute versammeln sich vor der neuen Band, die sich den provisorischen Namen Tony Flow and The Majestic Masters of Mayhem gegeben haben, denn schließlich soll es ja nur ein einziger Auftritt werden, den man dazu noch mit einem einzigen Song bestreiten würde. Der kickt dafür umso mehr rein.

Trotz der Enge der Bühne wagt Anthony einen Salto, die Band legt los und fängt an zu spielen. Anthony, der die drei Musiker schon so häufig hat spielen sehen, sieht eine völlig neue Energie in ihren Augen, die er so noch nicht kannte, und auch das Publikum ist elektrisiert – so sehr sogar, dass auch die anderen Gäste aus dem Nebenraum dazukommen. Anthony hat in diesem Moment eine Offenbarung. Endlich, endlich begreift er, wofür er auf die Welt gekommen ist. Noch nie hatte er etwas so Schönes erlebt, wie auf dieser Bühne zu stehen und die Menge zum Schwitzen zu bringen. Alleine schon die Tatsache, dass er völlig nüchtern auftritt, unterstreicht aus seiner Sicht die Wichtigkeit des Moments.

Nach nur wenigen Minuten ist der Spuk wieder vorbei, die Band dankt ihrem Publikum und verabschiedet sich, um Neighbors Voices Platz zu machen. Der Applaus ist enorm, die Rufe nach einer Zugabe werden lauter, aber mehr hat die Band aktuell noch nicht zu bieten, wie Anthony dem Publikum freundlich erklärt. Auch der Clubbesitzer kommt aus seinem Kabuff gestürmt. Krasse Show, sagt er mit französischem Akzent, nur leider etwas kurz. Ob man nicht nächste Woche direkt nochmal auftreten wolle? Allerdings wäre es vielleicht gar nicht schlecht, wenn sie noch einen zweiten Song am Start hätten. Klar, warum nicht, entgegnet die Band. Das hatte ja schon einmal gut funktioniert. Warum sollte es nicht nochmal klappen?

POLICE HELICOPTER

Der Leland Way in Hollywood ist nicht unbedingt die angesagteste Ecke im Los Angeles der frühen Achtzigerjahre. Hier haben nicht die LAPD, sondern mexikanischen Kartelle das Sagen. Vor allem der Marihuana-Handel wird hier abgewickelt und daher nennen die allermeisten die Straße nur Pot Alley. Für Hillel, Anthony und Flea genau der richtige Ort, um so etwas wie eine kleine Bandzentrale zu errichten. Der vierte im Bunde, Jack Irons, zieht es weiterhin vor, zuhause bei seinen äußerst toleranten Eltern zu wohnen.

Hier, in dieser schäbig eingerichteten Drei-Zimmer-Wohnung, entstehen nahezu alle Songs, die später auf ihren Demobändern und auch auf der ersten LP zu finden sein werden – bei Titeln wie »Police Helicopter« oder »Green Heaven« ist die Frage nach der möglichen Inspiration wohl schnell beantwortet.

Wenn Anthony nach Hause kommt, sitzt Flea für gewöhnlich auf der Terrasse und spielt Bass, während über ihnen die Polizeihubschrauber kreisen und die Gegend mit ihren Suchscheinwerfern nach verdächtigen Aktivitäten absuchen. Anthony nimmt eine Spritze hervor, löst auf einem Esslöffel eine mit LSD vollgesogene Pappe mit etwas Wodka auf und injiziert sich die Lösung, ohne mit der Wimper zu zucken.

Wenn kein Heroin da ist, dann nimmt man eben etwas anderes. Irgendwo hinten im Haus kann Anthony Hillel Gitarre spielen hören und wenn ihm eines der Riffs von Flea oder von Hillel gefällt, dann hält er kurz inne, nimmt Stift und Papier und schreibt ein paar Zeilen auf. Bis heute hat sich das Songwriting in der Band nicht signifikant geändert – es wird gejammt, nochmal gejammt – und wenn da immer noch nichts bei rumgekommen ist, wird eben noch einmal gejammt.

Schon damals hat der Drogenkonsum beachtliche Höhen erreicht: Anthony ist inzwischen längst vom Heroin abhängig, auch wenn er das noch nicht zugeben kann. Schließlich, so denkt er damals noch, könne man ja gar nicht abhängig werden, wenn man es nur einmal die Woche nimmt. Oder eben auch zweimal. Er könne ja auch jeweils immer einen Tag Pause dazwischen lassen, dann wäre das schon nicht so schlimm. Fleas und Hillels Konsum steht dem nicht unbedingt in etwas nach, doch zumindest bei Flea läuten erste Alarmglocken und die Erkenntnis flammt auf, dass dieser Lifestyle sie auf längere Zeit kaputt machen könnte. Die Punkband Minor Threat aus Washington D.C. hatten gerade mit ihrem Song »Straight Edge« versehentlich eine Bewegung ausgelöst: sauber bleiben, sich nicht in Gefahr bringen und von Drogen die Finger lassen (in Deutschland versuchte beispielsweise die damals noch sehr junge Band Die Ärzte mit ihrem Titel »Ich trink Vollmilch« auf eben diesen Zug aufzuspringen). Flea versucht, sich diesem Lebensstil anzunähern, rasiert sich die Haare und klebt sein Zimmer mit dem Text des Songs zu. Aber das Leben in der Pot Alley ist zu verführerisch, um sich länger von Drogen fernzuhalten, und so ist auch er schnell dem wechselnden Konsum von Marihuana, Speed, Kokain, LSD und Heroin erlegen – auch wenn sich Anthony regelmäßig über den angeblich so sensiblen

Freund lustig macht, da dieser vom Heroin so schnell voll ist, dass Flea das Zeug lediglich geschnupft zu sich nehmen kann.

In dieser Zeit, im Mai 1983, geht die junge Band auch zum ersten Mal ins Studio, um ein paar Demos aufzunehmen. Assistiert wird die Band dabei von Tim Leitch, besser bekannt als Spit Stix, der Schlagzeug bei Fear spielt und sich bereiterklärt hat, ein paar Songs aufzunehmen und direkt abzumischen. Die 100 Dollar kratzen sie irgendwie zusammen und weil mehr nicht drin ist, wird das winzige Studio »Sound Labs« am Hollywood Boulevard nur für einen einzigen Tag gebucht. Die Band hat also nicht viel Zeit, aber die braucht sie auch gar nicht. Das Vierergespann ist bereits so eingespielt, dass es nicht nur die veranschlagten fünf Songs schafft, sondern direkt noch fünf weitere aufnimmt. Mit den ersten fünf sind Anthony und Flea so zufrieden, dass sie diese direkt auf Tape kopieren und weitere Clubs in der Stadt abklappern, um neue Auftrittsmöglichkeiten zu erschließen.

Auch im Club »Lingerie« stellen sie sich vor, aber Clubbesitzer Brendan Mullen hat keinerlei Interesse an diesen beiden aufgeregten Grünschnäbeln, die einfach in sein Büro stürmen und ihm ihr Tape unter die Nase halten. Er solle sich nur zwei Songs anhören, betteln sie ihn an, die Zeit werde er ja wohl haben. Also lässt er sich breitschlagen, holt einen Kassenrekorder aus dem Erdgeschoss und legt das Tape ein – und ist überwältigt. Der harte, schnelle Sound der Aufnahme, Anthonys schneller Rap, dazu die beeindruckenden musikalischen Qualitäten von Flea am Bass und Hillel an der Gitarre – so etwas gab es bis dato noch nicht. Sie werden direkt für ein paar Auftritte gebucht, der Laden brummt, das Honorar ist mit 200 Dollar noch dürftig, aber immerhin gibt es überhaupt eine finanzielle Entlohnung.

Die Band hat zwar weder einen Plattenvertrag, geschweige denn eine seriöse Aufnahme, aber bereits den Ruf, live die Hütte abzureißen.

PARTY ON YOUR PUSSY

Der Chef ist völlig außer sich, als er die Band im Backstage-Raum zusammenruft und ihr die Hölle heiß macht. Nur weil das hier ein Stripclub sei, dürfe man sich doch nicht so benehmen, das könne ihn die Lizenz kosten und überhaupt: Was zur Hölle sei denn so witzig daran, sich weiße Tennissocken über den Schwanz zu ziehen und damit auf die Bühne zu gehen? »Keine Schamhaare!« Dies sei die oberste Regel des »Kit Kat Clubs«, namentlich inspiriert vom Musical »Cabaret«, was zehn Jahre zuvor mit Liza Minelli und Michael York in den Hauptrollen verfilmt wurde – und natürlich nicht zu verwechseln mit dem Berliner Pendant, was erst viele Jahre später gegründet werden sollte.

Dass die Toleranz eines Stripclubs ausgerechnet an der Schamhaargrenze enden würde, wusste die Band nicht, aber es war ihr auch herzlich egal. Die Lust daran, nackt oder mindestens oberkörperfrei auf die Bühne zu gehen, wird sich im Bandkosmos noch länger fortsetzen. Aber auch unabhängig davon ist es beachtlich, was die Band in so kurzer Zeit alles geleistet hat. Gerade einmal drei Monate nach ihrer eigentlichen Gründung hatten sie schon mehrere Konzerte gespielt, pro Auftritt kam ein weiterer Song dazu. Die Songs entstanden fast alle auf dieselbe Art und Weise, wie bereits »Out in L.A.«: ein Riff, ein Jam, ein neuer Text – fertig. Die Songs waren kurz und knackig, kamen häufig ohne einen direkt erkennbaren Refrain aus, B-Teile und Bridges gab es sowieso nicht. Wie Punksongs eben.

Nun, im Juli 1983, hat die Band bereits neun Songs im Repertoire, die sie für die nächsten Monate in Dauerschleife spielen wird. Und einen Namen gibt es inzwischen auch.

Wer genau nun den Einfall hatte, sich The Red Hot Chili Peppers zu nennen, ist nicht genau geklärt und weder Anthony noch Flea beanspruchen für sich, auf die Idee gekommen zu sein. Andererseits ist die Verwendung dieser Begriffe für Musikgruppen nicht ganz neu.

Schon in den Siebzigern formierte sich die britische Countryrockband Chilli Willi & The Red Hot Peppers. Auch Jazzlegende Jelly Roll Morton hatte eine Combo namens The Red Hot Peppers, deren 1926 erschienene Platte *Red Hot Peppers Session* sogar als Meilenstein der frühen Jazzmusik gilt. Mindestens einer in der Band, nämlich Flea, der doch früher Jazztrompeter hatte werden wollen, dürfte diesen Namen schon ein paar Mal gehört haben.

Woher auch immer der Name nun gekommen sein mag – jetzt ist er da und spricht sich schnell herum. Innerhalb weniger Wochen hat sich die neue Band einen Namen erspielt, ist als Vorgruppe von Run-DMC vor mehreren tausend Leuten aufgetreten und in Windeseile hat sich die Kunde des neuen, heißen Live-Acts in Los Angeles herumgesprochen. Die guten Connections der Mitglieder zu verschiedenen anderen Bands sind da nicht unvorteilhaft, die Resonanz ist enorm – und sorgt auch direkt für Probleme. Schließlich spielen, bis auf Anthony, alle Mitglieder noch in anderen Bands. Flea entscheidet sich bald gegen seine Punkerfreunde von Fear und legt fest, dass Red Hot Chili Peppers sein neues Hauptprojekt werden soll. Doch für Hillel und Jack ist die Entscheidung schwerer. What Is This gibt es schließlich schon seit mehreren Jahren, viel Energie, Schweiß und Tränen sind bereits in das Projekt geflossen, nur um innerhalb von wenigen Monaten von der neuen Band überrollt zu werden. Das sollte noch zu heftigen Problemen in der Band führen. Aber dazu später mehr.

Zurück im »Kit Kat Club«, wo sich die Bandmitglieder lachend in ihren Backstage-Raum zurückziehen und über die bescheuerte Schamhaarregelung lustig machen, während sie sich ihre grüne Ganzkörperschminke abwischen – man hatte es für lustig erachtet, als kleine, grüne Würmchen aufzutreten –, als es plötzlich an der Tür klopft. Ein schmächtiger Typ mit Drei-Tage-Bart und Hut steht in der Tür und stellt sich als Lindy Goetz vor. Er sei Talentscout und arbeite unter anderem für MCA Records. Man solle sich doch mal bei ihm melden und über die anstehenden Pläne unterhalten. Lindy Goetz wird bis ins Jahr 1999 ihr Manager bleiben. Es ist der Auftakt einer intensiven und erfolgreichen Zusammenarbeit.

BABY APPEAL

Im Spätsommer 1983 ziehen Anthony und Flea durch den Central Park von New York, schleppen einen gewaltigen Ghettoblaster mit sich herum und legen eine Kassette ein – *ihre* Kassette natürlich. Sie tragen aufeinander abgestimmte Lederjacken, an denen jeweils ein Metallbecher hängt – ihr sogenannter Brothers Cup. Die Promotion läuft noch weitestgehend unter der Hand, denn abgesehen von diesen paar Songs und einer Handvoll Auftritten haben die Red Hot Chili

Peppers noch nicht viel vorzuweisen. Als die Musik über die grünen Wiesen des Central Parks schallt, kommt diese vor allem bei den hier spielenden Kindern gut an, die sich um die beiden scharen und zur Musik tanzen. Völlig irre, sagen sich Anthony und Flea – und schreiben direkt einen Song über die Situation, genau wie auch über ihre Brüderbecher. Auch dieses Vorgehen wird sich in der Band noch lange fortsetzen: Du hast etwas Interessantes, etwas Aufregendes erlebt? Mach direkt einen Song daraus!

Nur wenige Monate später, im November 1983, wird die Beziehung zu Manager Lindy Goetz erste Früchte tragen. Er schafft es, der Band einen Plattenvertrag zu organisieren. Enigma Records, Teil des Branchenriesen EMI, bietet ihnen eine Vereinbarung über sieben Platten an – ein gewaltiges Angebot für eine Band, die noch nicht mal ein Jahr existiert und aktuell nicht einmal genug Material für eine abendfüllende Show, geschweige denn eine ganze Langspielplatte zusammenhätte. Der Vertragsabschluss bringt zunächst etwas ganz Essenzielles mit sich: Geld. Zum ersten Mal sind Anthony und Flea nicht mehr auf ihre ungeliebten Zweitjobs angewiesen, wo Anthony ohnehin längst gefeuert wurde. Eine wirkliche Entspannung aber bringt der Vertrag immer noch nicht – dafür sind die Drogen einfach zu teuer. Das hindert beide aber nicht daran, im Dezember, nach der letzten Show des Jahres, zu ihrer ersten Europareise aufzubrechen. Sie streifen durch England, Paris und Amsterdam, schlafen bei entfernten Bekannten oder prellen in den schicken Restaurants der europäischen Metropolen die Zeche. Für die beiden Ur-Punker ist es wie eine Reise ins gelobte Land – insbesondere London ist zu der Zeit der Schmelztiegel des Punk –, bis Anthony eines Tages verschwunden ist. Er hat sich, wie gewohnt kommentarlos, von seinem besten Freund abgesetzt, um in Ruhe mit einer jungen

Dänin Zeit verbringen zu können. So muss Flea den Anruf aus Los Angeles alleine entgegennehmen.

Es ist Lindy und er hat schlechte Nachrichten. Der Vertragsdeal sei kurz davor zu platzen - die Band sei aktuell ohne Schlagzeuger und auch ohne Gitarrist. Hillel und Jack hätten sich gegen die Red Hot Chili Peppers und für What Is This entschieden. In beiden Bands weiterzumachen ginge aus rechtlichen Gründen nicht. Denn nur wenige Wochen zuvor hatte EMI What Is This ebenfalls einen Plattenvertrag angeboten. Sie sollten also rasch nach Hause kommen, rät Lindy ihnen. Die Band muss schließlich bald ins Studio und ihre erste Platte aufnehmen – und ohne Schlagzeuger und Gitarrist sei das schwierig, also muss schnell Ersatz gefunden werden. Die Band ist nicht mal ein Jahr alt und bereits um die Hälfte dezimiert.

STORM IN A TEACUP

Zum Jahreswechsel 1983/84 steht eine folgenschwere Entscheidung an: aufhören oder weitermachen? Den Red Hot Chili Peppers sind soeben zwei wichtige, wenn nicht sogar entscheidende Grundpfeiler weggebrochen. Hillel Slovaks funky Gitarrenspiel, das rhythmisch und kraftvoll zugleich ist, Anleihen von Hendrix, aber auch deutliche Punkspuren enthält, und Jack Irons' trockener, groovender Beat sind mit einem Mal Geschichte. Auch die Freundschaft der vier Highschool-Kids leidet beträchtlich darunter. Es hätte genug Argumente gegeben, die Band zu beenden, doch Anthony und Flea beschließen, alleine weiterzumachen beziehungsweise sich Ersatz zu suchen, im Bewusstsein, etwas Einzigartiges erschaffen zu haben. Diese Kombination aus Funk, Punk und Hip-Hop, diese rohe Energie, die von ihren Live-Auftritten ausgeht, so etwas könne man doch nicht einfach wegwerfen. Überzeugt davon, dass ihr Bandkonzept funktioniert, fangen sie an, neue Musiker zu casten. Und wieder sind ihre zahlreichen Kontakte in die Musikszene von Los Angeles Gold wert.

Cliff Martinez ist bereits ein paar Jahre älter als sie und auch sehr viel erfahrener, insbesondere was Live-Auftritte angeht. Er hat schon für Bands wie Captain Beefheart, The Dickies und The Weirdos am Schlagzeug gesessen, ist musikalisch extrem vielseitig und dazu ein ruhiger, entspannter Typ mit ausgefallenem Humor und einem kontrollierten Zugang zu Drogen. Nach nur einer Jamsession mit Flea und Anthony sagen sie ihm sofort zu – die Zeit drängt schließlich.

Die Suche nach einem Gitarristen gestaltet sich deutlich schwieriger. Der von Cliff vorgeschlagene Dix Denney erscheint zwar zu ein paar Proben, hat aber enorme Schwierigkeiten, die Riffs von Hillel zu lernen und wird schließlich gefeuert – die erste von vielen Kündigungen, die Flea und Anthony in den nächsten Jahren aussprechen werden.

Das Casting läuft also weiter. Das Trio jammt mit einer ganzen Reihe Gitarristen, aber niemand scheint so wirklich zu passen. Bis eines Tages der damals 27-jährige Jack Sherman den Proberaum betritt. Anthony kann ihn von der ersten Minute an nicht leiden. Was ist denn das für ein Nerd, denkt er sich, als Jack seine Gitarre auspackt. Jack Sherman hat ein freundliches Lächeln, trägt die Haare zum Afro und legt einfach mal drauflos. Und endlich, endlich funktioniert es wieder. Die Musik fließt, dazu ist Sherman ein wirklich guter Gitarrist, der im Nullkommanichts die komplizierten Riffs von seinem Vorgänger beherrscht.

Das hätte schon ziemlich viel Spaß gemacht, sagen Anthony und Flea nach der Session, sie könnten sich das vorstellen. Ob er denn Lust hätte, ein Album einzuspielen und direkt danach auf Tour zu gehen? Na klar, sagt Sherman überschwänglich, allerdings müsste er noch einmal seinen Astrologen fragen, ob die Sterne dafür auch günstig stünden. Eine peinliche Stille entsteht. Ob das ein Witz gewesen sei, fragt Anthony leicht amüsiert nach. Nein, ist es nicht, sagt Sherman, während er seinen Gitarrenhals mit Öl einschmiert. Das sei besser fürs Spielgefühl, erklärt er noch. Und wenn sein Astrologe nichts einzuwenden habe, stünden auch Album und Tour nichts mehr im Wege.

Dass die Chemie zwischen der Band und ihrem neuen Gitarristen nicht so richtig stimmt, hätte eigentlich von Anfang an klar sein müssen. Die Fußstapfen eines Hillel Slovak sind gewaltig, der Spielstil der beiden sehr unterschiedlich. Sherman spielt sauber und elegant, hat nicht den dreckigen Sound seines Vorgängers und auch seine skeptische Haltung gegenüber Drogen ist für Anthony ein häufiger Grund, sich über ihn lustig zu machen. Genau in dieser Zeit geraten auch Flea und Anthony deswegen das erste Mal richtig aneinander. Anthony versucht weiterhin, seine Heroinabhängigkeit herunterzuspielen. Er taucht für mehrere Tage hintereinander ab, erscheint nicht zu den Proben und setzt sich mit seiner neuen Freundin Jennifer einen Schuss nach dem anderen. Als Flea ihn eines Tages in seiner völlig verdreckten Wohnung auffindet, droht er damit, die Band zu verlassen. Da schaut Anthony ihn nur ungläubig an und sagt, das ginge nicht. Schließlich habe er den

Plan, der James Brown der Achtzigerjahre zu werden. Da kann auch Flea nichts mehr entgegnen.

TRUE MEN DON'T KILL COYOTES

Eigentlich haben die Red Hot Chili Peppers alles richtig gemacht. Der Ersatz für ihre geschassten Bandmitglieder ist gefunden, ein Plattenvertrag ist auch am Start und nun sagt auch noch eines ihrer größten Idole zu, die erste Platte zu produzieren: Andy Gill, Gitarrist der Post-Punkband Gang Of Four ist ein freundlicher, zurückhaltender Brite mit feinem Humor und einer Menge Erfahrung im Musikgeschäft. Das Album *Entertainment!* von 1979 und auch das zwei Jahre später erschienene *Solid Gold* gehören für Flea zu seinen absoluten Lieblingsalben. Vielleicht aber hätten sie es schon beim ersten gemeinsamen Abendessen merken müssen, dass das nichts wird, denn Andy Gill ist nicht sonderlich glücklich mit seiner früheren Arbeit und sagt, dass er gar nicht mehr genau wisse, was er sich dabei gedacht habe. Anthony und Flea sind kurzzeitig irritiert, aber auch, weil sich niemand anderes für die Produktion ihres Erstlings begeistern kann, bekommt Gill die Zusage. Die Produktion allerdings wird zu einem zweimonatigen Chaos.

Anthony und Flea haben noch nie ein Album produziert, geschweige denn länger als ein paar Stunden in einem Studio gesessen und Anthony weiß noch nicht mal wirklich, was ein Produzent überhaupt macht. Dass dieser die Aufnahme leitet, in künstlerische Entscheidungen mit eingebunden wird und hin und wieder auch harte Entscheidungen treffen muss, passt den beiden jungen Punkern überhaupt nicht. Und dann wagt er es auch noch, Anthony zu Gesangsunterricht zu raten. Als dieser eines Tages einen kurzen Seitenblick in das Notizbuch seines Produzenten erhascht, ist er nicht erfreut über das, was sich Gill da notiert hat: Neben ihrem Song »Police Helicopter« hat Gill das Wort »Shit« geschrieben.

Bassist und Sänger werden in dieser Zeit verbal mehr als ausfallend. Auch, dass sich Andy Gill hervorragend mit Jack Sherman versteht, passt Anthony überhaupt nicht. Immer wieder rennt er wutentbrannt ins Studio, um seinem Unmut über den Aufnahmefortschritt Ausdruck zu verleihen. Eines Tages, Andy Gill hat Jack Sherman gerade angewiesen, ein paar zusätzliche Akustik-Gitarren, sogenannte Overdubs für den ersten Song auf der Platte *True Men Don't Kill Coyotes* einzuspielen, platzt Anthony erneut der Kragen. Total schwul sei sowas, brüllt er, Akustikgitarren im Allgemeinen seien schwul. Er, Andy, solle das ganze Zeug sofort wieder löschen und von vorne beginnen. »Schwul« ist ohnehin aktuell das favorisierte Wort von Anthony und Flea, wenn sie etwas dumm finden. Bläser auf der Platte? Schwul! Backing Vocals? Extrem schwul! Überhaupt, der gesamte Sound der Platte sei »homo«, schreit der Sänger aus vollem Halse, so habe er sich das überhaupt nicht vorgestellt – um direkt wieder für ein paar Tage zu verschwinden und seiner Drogensucht nachzugehen. Nur Flea versucht immer wieder, gute Miene zum bösen Spiel zu machen, und schafft es sogar manchmal, sich mit Jack Sherman zu unterhalten.

Andy Gill erträgt all die Unsäglichkeiten und Anfeindungen mit einer stoischen Ruhe und Gelassenheit. Anthonys regelmäßige Abwesenheit sorgt letztendlich dafür, dass das

Album überhaupt zu Ende produziert werden kann. So kann die Band wenigstens ungestört ihre Parts aufnehmen.

Als das Ergebnis am 10. August 1984 in den Plattenläden erhältlich ist, sind Anthony und Flea entsetzt. Andy Gill hatte gehofft, der Band einen radiotauglichen Sound zu verpassen, vielleicht sogar einen kleinen Hit zu landen, der dann rauf und runter gespielt werden würde. Aber, soviel lässt sich auch aus heutiger Sicht sagen: Das Vorhaben ist gründlich schiefgegangen. Alles ertrinkt im Hall, der Bass scheppert und auch die Gitarren klingen nicht wie die Chili Peppers es gewohnt sind – synthetisch, künstlich, einfach nicht funkig und erst recht nicht nach Rock'n'Roll. Gill hat dazu darauf bestanden, dass die junge, unerfahrene Band nach Metronom spielen soll. Doch die Red Hot Chili Peppers waren damals noch im weitesten Sinne eine Punkband, die sich von ihrem Gefühl leiten lässt, und ist von den professionellen Anforderungen eines Andy Gill heillos überfordert. Das finale Abmischen des Albums wird aus gesundheitlichen Gründen geschoben: Dem Toningenieur sind die ganzen Streitereien derartig auf den Bauch geschlagen, dass er mit einem Magengeschwür ausfällt, und auch Andy Gill muss ins Krankenhaus, um sich einen Hoden entfernen zu lassen. Als das Endergebnis endlich gemeinsam gehört wird, sind Flea und Anthony derartig von der Rolle, dass sie Gill bitten, alles in die Tonne zu werfen und das Ganze nochmal neu aufzunehmen – mit einem ähnlich garagigen Sound wie auf den Demobändern. Es ist kaum überraschend, dass Gill diesen Vorschlag ablehnt.

Enttäuscht und frustriert verlässt Flea die Tonkabine und verkündet, er gehe jetzt erstmal scheißen. Wie wundervoll, sagt Gill, vielleicht könne er ihnen doch etwas mitbringen. Alles klar, sagt Flea und Gill schlägt bereits die Hände vor die Stirn. Warum zur Hölle hat er das nur gesagt?

Nur wenige Minuten später kommt Flea wieder zurück und balanciert einen Pizzakarton vor sich her, den er seinem Produzenten aufs Mischpult schmeißt. Wie zu erwarten war, hat Flea ihm in den Pizzakarton gekackt. Andy Gill verzieht keine Miene, bedankt sich höflich und macht innerlich drei Kreuze.

Erwartbarerweise ist das Album aus kommerzieller Sicht ein Flop. Die Platte mit dem schlichten Titel *The Red Hot Chili Peppers* und dem quietschbunten, LSD-angehauchten Cover liegt wie Blei in den Läden, keiner der Songs schafft es ins Radio und in die Charts erst recht nicht. Der rohe Sound der Band, wie sie ihn live spielten, ist auf der Platte nicht zu erahnen. Es wird die letzte Zusammenarbeit zwischen Gill und der Band. Der produziert später noch Bands wie The Jesus Lizard und die Debüts von Killing Joke und The Future Heads. Ab den Neunzigern ist auch wieder mit seiner eigenen Band Gang Of Four unterwegs, bis er am 1. Februar 2020 – Gill kam gerade von einer längeren Tour aus China zurück – an einer neuartigen Lungenkrankheit stirbt. Andy Gill ist damit eines der ersten Opfer des Coronavirus. Er wird 64 Jahre alt.

CAN'T STOP

In einer dunklen Augustnacht rast Anthony Kiedis mit dem Auto seiner Mutter über eine Landstraße in Michigan und gibt sich redlich Mühe, die Augen auf der Fahrbahn sowie die Hände am Lenkrad zu halten. Anthony ist auf Drogen, aber diesmal auf einer, die gesellschaftlich akzeptiert und überall in rauen Mengen erhältlich ist: Alkohol.

Es ist Sommer, das Album ist erschienen und das muss gefeiert werden. Die Tour, die ihnen Lindy Goetz einmal quer durch die USA zusammengebucht hat, ist noch ein wenig hin, aber den Release des Albums wollte man trotzdem auswärts feiern, und zwar in New York, wo die Band beim CMJ New Music Seminar auftreten wollte, einer wichtigen Venue für aufstrebende Bands aus der alternativen Ecke. Dass es noch zu diesem Auftritt mit kompletter Band kommt, grenzt an ein Wunder.

Anthony hat sich mit Jennifer bei seiner Mutter einquartiert, um noch ein paar ruhige Tage zu haben, bevor es im Big Apple hoch hergehen wird. Da er kein Heroin mitnehmen wollte, ist er auf Entzug und um dies zu kompensieren hat sich Anthony extrem betrunken. Becher um Becher hat er mit einigen Kumpels aus Kindheitstagen in sich hineingeschüttet, die alle ihr eintöniges Leben mit Haus, Kind und Frau in irgendwelchen Reihenhäuschen leben und dies scheinbar nur dadurch ertragen, sich jeden Abend volllaufen zu lassen. Also macht Anthony mit, alleine schon, um dieses monströse Verlangen nach einem Schuss zu bändigen. Völlig blau steigt er in den Kombi, legt betont langsam den Gurt an, um all seinen Freunden zu zeigen, wie umsichtig er ist, und brettert los.

Die Landstraße ist schnurgerade, die Nacht neigt sich bereits ihrem Ende. Anthony beschleunigt den Wagen auf über 200 Sachen – und schläft ein. Als der Wagen im hohen Bogen über eine Erhebung fliegt, wacht Anthony wieder auf und kann gerade noch erkennen, wie mehrere Bäume auf ihn zuschießen. Der Zusammenprall aber lässt sich nicht mehr verhindern, der Wagen wird wie eine Ziehharmonika zusammengequetscht, der Motor landet auf dem Nachbarsitz, das Lenkrad zerbricht zwischen der holzigen Rinde und Anthonys Schädel.

Anthony hat unheimliches Glück. Ein Anwohner, der den Lärm des Aufpralls gehört hatte, ist nicht nur zufällig Sanitäter.

Er hat auch einen Rettungswagen in seiner Einfahrt stehen und ist in wenigen Minuten am Unfallort. Die Feuerwehr wird dazugerufen. Anthony wird bei halbem Bewusstsein aus seiner Blockade befreit und in das nächstbeste Krankenhaus gebracht. Sein Gesicht sieht aus wie ein Teller Spaghetti Bolognese: Das Augenlid, die Nase und auch die Oberlippe sind zerquetscht, es benötigt eine Menge Titan und Teflon, um Anthonys Gesicht nach Vorlage eines Fotos wieder in seinen Ursprungszustand zu bringen. Um die Schmerzen erträglich zu machen, gibt man ihm Percodan, ein starkes Opioid, aber da Anthony nach Einnahme einer Tablette direkt nach der nächsten fragt, dreht ihm ein aufmerksamer Arzt rasch den Nachschub ab.

Nach einer Woche wird Anthonys Gesicht in einen mobilen Gipsverband gesteckt. Ein besorgter Flea kommt zum Krankenbesuch vorbei und attestiert ihm, grauenvoll auszusehen, aber auftreten könne er ja wohl trotzdem. Also schwingen sie sich ins Flugzeug und fliegen nach New York, wo Anthony schließlich mit Gipsverband, Cowboyhut und zugeschwollenem Gesicht auftritt. Zum ersten Mal ist Anthony vor einem Gig so nervös, dass er sich nicht sicher ist, den Auftritt auch durchzustehen. Aber gut, sagt er sich, das hat er sich selber eingebrockt. Also zieht er es auch durch.

IF YOU WANT ME TO STAY

Am 16. Februar 1985 beschließen die Red Hot Chili Peppers auf der Bühne von »Jed's Lookout« in New Orleans, Louisiana ihre Tour. Über 70 Shows hat die Band im vergangenen Jahr gespielt, von Detroit bis Texas, von Pittsburgh bis Santa Monica, von der kleinsten, schäbigsten Spelunke bis ins Greek Theatre, und jedes Mal war die Stimmung am Kochen. Dass sich die Platte bis dato nur spärlich verkauft hat, ist für EMI zwar ein Manko und mit Sicherheit hätte man heutzutage einer Band wie den Red Hot Chili Peppers längst den Geldhahn zugedreht. Doch die Tatsache, dass sie selbst im entlegensten Winkel der USA mindestens 100 verrückte Jugendliche zusammentrommeln konnte, besänftigt die Plattenchefs und man lässt die Band weitermachen. In Grand Rapids, Anthonys Geburtsstadt, hatten sie, zum Entsetzen der lokalen Presse, die Zugabe komplett nackt gespielt. »Wenn das mein Sohn wäre, ich würde ihn erschießen« titelte am Tag darauf die *Grand Rapids Press*. Mrs. Kiedis schrieb daraufhin einen erbosten Leserbrief.

Auf der kleinen Bühne in New Orleans ist direkt nach dem ersten Song eine peinliche Stille eingekehrt – Flea ist mal wieder eine Saite gerissen, was ihm pro Auftritt mindestens einmal passiert, so hart schlägt der Bassist auf sein Instrument ein und so billig sind die Saiten, die er sich damals leisten kann. Ihr Roadie, ein dauerhaft besoffener Freund von Anthony, ist für seinen Job an diesem letzten Tourtag nicht mehr zu gebrauchen und da eine Basssaite aufzuziehen eine Weile dauern kann, geht Flea entschuldigend von der Bühne. Jack Sherman hat an diesem Abend sowieso nicht die beste Laune. Er und auch Drummer Cliff Martinez sind ausgelaugt von der langen Tour und dem permanenten Exzess, der sie umgibt. In ihrem Bandauto, einem engen Chevrolet Van, wurde permanent gequalmt, gefeiert und Musik gemacht und die andauernden Sticheleien von Anthony, was für ein dummes, schwules Stück Scheiße Jack Sherman doch sei, hatten ein neues Maß an Bösartigkeit erreicht. Während Anthony die plötzliche Stille auf der Bühne mit einer Nonsens-Ansage übertüncht, klimpert

Jack auf der Gitarre herum und wird daraufhin von seinem Sänger mit einem Kübel Eiswasser übergossen.

Jack geht erschrocken ans Mikrofon und erzählt, dies sei ein historischer Auftritt – nämlich sein letzter als Red Hot Chili Pepper. Richtig, pflichtet Anthony ihm bei, dieser Auftritt sei wirklich historisch, schließlich müsste man nie wieder mit diesem Arschloch gemeinsam auftreten.

Im Publikum werden die Augen immer größer: Feuert die Band tatsächlich gerade live on stage ihren Gitarristen? Man drückt die schlechte Stimmung weg, auch Flea kommt auf die Bühne zurück und spielt den Gig zu Ende. Doch ist gerade mehr als deutlich geworden, dass die Band so nicht weitermachen kann.

Nur wenige Wochen später, die Band ist pleite wie eh und je wieder nach Los Angeles zurückgekehrt, telefonieren Flea und Hillel Slovak miteinander. Er habe nachgedacht, sagt Hillel, und er glaube allmählich, dass die Red Hot Chili Peppers ihm vielleicht doch mehr bedeuten als What Is This. Deren Debüt-EP verkauft sich ebenfalls dürftig, auch wenn sie im College-Radio viel gespielt wird. Ob er nicht wieder zurückkehren könne? Flea und Anthony sagen sofort zu. Was könnte es Schöneres geben, als wieder mit ihrem alten Buddy aus der Highschool zusammenzuspielen? Nur eine kleine Hürde gilt es noch zu nehmen: Jack Sherman muss gefeuert werden.

Also fahren beide nach Santa Monica, wo Sherman wohnt, und beratschlagen während der Fahrt, wer die unangenehme Botschaft überbringen wird. Flea hat das schon beim letzten Mal getan, diesmal sei Anthony dran, findet der. Letztendlich stehen sie beide vor Shermans Haustür und bekommen vor Aufregung einen hysterischen Lachanfall. Der Breakup findet noch auf der Türmatte statt. Jack, sagen beide, prustend vor Lachen, das war's. Du bist nicht mehr in der Band. Auch wenn Sherman bereits ahnt, dass die Zeit bei den Red Hot Chili Peppers vorbeigehen würde, so ist er doch schwer enttäuscht von der Art und Weise des Rauswurfs.

Auch wenn die Zusammenarbeit weder musikalisch noch privat sonderlich gepasst hat, so verdankt die Band Jack Sherman eine Menge. Ohne ihn hätte die Band bereits kurz nach ihrer Gründung vorbei sein können. Seine stoische Gelassenheit, mit der er auch die schlimmsten Beleidigungen von Anthony hinnahm, ist bewundernswert, genauso wie seine musikalische Vielseitigkeit, mit der er die Band zusammenhielt. Etwa 20 Jahre später wird Sherman die Band erfolglos verklagen. Die Mitarbeit an ihrem Debüt wurde nur mit einer durchschnittlichen Studio-Gage entlohnt und obwohl er noch am Schreibprozess einiger Songs der zweiten Platte *Freaky Styley* mitgewirkt hat, sind auch die finanziellen Anteile an dieser LP aus seiner Sicht zu dünn. Die überzogenen Forderungen seines Anwalts sorgen letztendlich dafür, dass die Klage im Jahr 2003 abgewiesen wird.

Jack Sherman arbeitet später für große Namen wie Bob Dylan, George Clinton und Peter Case als Studio- und Live-Gitarrist. Am 18. August 2020 stirbt Sherman im Alter von 64 Jahren an einem Herzinfarkt. Seine alte Band dankt ihm auf ihrer Website für »all die guten Zeiten, die schlechten und alles dazwischen.«

FREAKY STYLEY

Das beschauliche Rochester, ein kleiner Vorort der Millionenmetropole Detroit, ist wirklich der letzte Ort, an dem man eine Funklegende vermuten würde. Hier, auf einer kleinen Farm, abseits des Trubels der Großstadt, lebt George Clinton, den manche als »Godfather of Funk« bezeichnen. Clinton ist Gründer und Bandleader von mehreren Bands, insbesondere Parliament und Funcadelic, auch wenn deren große Tage bereits gezählt sind. Seine Bands waren für gewöhnlich riesig: Halbe Orchester engagierte er, um den von ihm gewünschten Sound auf Vinyl zu pressen, dazu permanente Rotationen in den Besetzungen. Trotz des kommerziellen Erfolgs waren die Einnahmen immer übersichtlich – kein Wunder, wenn man die Tantiemen regelmäßig mit mehreren Dutzend Musikern teilen muss. Dass es für Clinton dennoch für eine Farm im Grünen gereicht hat, ist seinem Labelchef zu verdanken. Denn dem gehört nicht nur Westbound Records, sondern auch die Farm, die Clinton mietfrei beziehen darf. Dort hat er ein kleines Tonstudio, um Demos aufzunehmen, und wenn es mal ernst werden würde, dann fährt er die knappe Autostunde nach Detroit rein.

Mit den Red Hot Chili Peppers wurde es ernst.

Dass die Band den damals bereits leicht in Vergessenheit geratenen Funkveteran angefragt hat, hat die Band ironischerweise ihrem Aushilfsgitarristen Jack Sherman zu verdanken. Der war schon immer ein riesiger Funcadelic-Fan und hat Anthony und Flea im Laufe seines einjährigen Gastspiels mit der Musik dieser Band in Berührung gebracht. Als sie eines Tages während einer Promo-Aktion George Clinton persönlich kennenlernten, war Sherman völlig aus dem Häuschen, die anderen Bandmitglieder wiederum wussten gar nicht, wem sie da gerade die Hand schüttelten.

Die Pre-Produktion ihres zweiten Albums findet im besagten Rochester statt. Die Band wird in der weitläufigen Ranch einquartiert, der kühle März 1985 sorgt für eine ungewohnte Ruhe während der Songwriting- und Demophase. Anthony macht zum ersten Mal einen Heroin-Entzug durch, wenn auch eher unfreiwillig. Keine Spritzen während der Produktion, so hatten sie sich bandintern geeinigt. Anthony und auch Hillel bemerken, wie sich ihre Haut zu verfärben beginnt, ihre Konzentrationsfähigkeit rapide nachlässt, dazu haben sie starke Schmerzen und können schlecht schlafen. Die Abwesenheit des Heroins wird mit Kokain und Cannabis ausgeglichen. Einer ihrer Dealer, ein junger Afroamerikaner, der mehrmals in der Woche die neue Ladung im Studio vorbeibringt, wird irgendwann argwöhnisch aufgrund der permanenten Ausflüchte George Clintons, warum er ihn noch nicht bezahlen könne. In seinem Geschäft, erklärt Clinton mit einer ausladenden Geste auf die imposante Acht-Spur-Maschine, sei es eben üblich, erst am Ende zu bezahlen. In seinem Geschäft, erklärt der Dealer, sei es aber üblich, Ware nur gegen Geld einzutauschen. Um ihn gnädig zu stimmen und weiter an das Kokain zu kommen, lassen sie ihn auf einer der Demos bei den Backing Vocals mitsingen.

Ansonsten aber läuft die Produktion von *Freaky Styley* sehr viel harmonischer ab als die ihrer ersten LP. Die Stimmung innerhalb der Band ist gut und die Zusammenarbeit mit George Clinton von gegenseitigem Respekt geprägt. Jeden Morgen geht er mit Anthony zum nahgelegenen See angeln, sie entwickeln ein fast väterliches Verhältnis zueinander. Zum ersten Mal in seinem Leben führt Anthony ein Gespräch auf Augenhöhe mit jemanden, der auch drogenabhängig ist, und sie diskutieren, ob es nicht auch ein Leben ohne dauerhaften Rauch geben kann.

Nach Beendigung der Demophase zieht die Band weiter nach Detroit, um in den deutlich größeren »United Sound Studios« die Platte final einzuspielen. Die Band wird dafür jeden Mittag aus dem abgelegenen Vorort Bloomfield Hills in die Innenstadt hineinkutschiert. Dort müssen die vier nicht selten bis zum frühen Abend warten, bis George Clinton sich blicken lässt. Dieser arbeitet bevorzugt nachts und daher gehen die Sessions nicht selten bis in die Morgenstunden, wenn die Frühlingssonne bereits über den Dächer Detroits aufgegangen ist.

Sechs Wochen später ist das Album fertig, wird *Freaky Styley* getauft – und floppt erneut in den Plattenläden. Auch wenn sowohl im Producing als auch musikalisch eine deutliche Entwicklung zu hören ist, so hinkt die Band weiterhin ihren Möglichkeiten hinterher. Mit »Africa« und »If You Want Me to Stay« sind zwei wohlüberlegte Coversongs zu hören, aber ein Hit zeichnet sich erneut nicht ab. Die Radiostationen spielen im Jahr 1985 lieber andere Sachen: »We Are The World«, der von Michael Jackson initiierte Hippiesong gegen den Hunger in der Welt, steht gerade hoch im Kurs, ähnlich Tina Turners »We Don't Need Another Hero« und der aus Österreich stammende Falco landet gerade mit »Rock Me Amadeus« einen Welthit. Da ist kein Platz für den wilden Funk-Punk der Red Hot Chili Peppers. Der Durchbruch, vor allem im Radio, wird noch eine Weile auf sich warten lassen.

Im Mai 1985, die Aufnahmen zur zweiten Platte sind gerade abgeschlossen, beschließt die Band, zum Abschluss das »Lili's 21«, eine schäbige Punkrock-Bar in Downtown Detroit, unsicher zu machen. Cliff, der Drummer, der sonst mit Drogen eher zurückhaltend ist, hat sich breitschlagen lassen, mit Anthony, Flea und Hillel ein Blech Kokain zu rauchen und macht zum ersten Mal eine positive Drogenerfahrung. Ganze zwei Wochen hatten es die anderen ohne Koks geschafft, eine gefühlte Ewigkeit, doch die Aufnahme wollte man im nüchternen Zustand beenden. Die Band, die an diesem Abend im »Lili's 21« spielt, ist ziemlich schlecht und so beschließen die vier, nach Ende des Auftritts die Bühne zu stürmen und eine unangekündigte Zugabe zu spielen. Hillel hat sich zur Feier des Tages in einen engen grünen Anzug gezwängt und steht schwitzend und leicht betreten auf der Bühne. Der Abend wird ihm den Namenzusatz »The Skinny Sweaty Man in the Green Suit« verpassen und die Detroiter Tageszeitungen sprechen am nächsten Tag vom »Guerilla Warfare Gig«.

THE DRUMMER

Am Anfang ist es nur ein lauter, spitzer Schrei. Das nervtötende, kreischende Geräusch wird lauter, noch lauter und plötzlich erkennt man, dass das Geschrei etwas sagen möchte. Sogar auf Deutsch: »Wann fängt es endlich an?«

Es ist der 17. August 1985, das neue Album ist erst am Vortag herausgekommen – allerdings auf der anderen Seite der Erde. Denn heute Abend gehört der Rockpalast ganz allein den Red Hot Chili Peppers.

Es ist der erste Gig, den die Band in Westdeutschland spielt. Zum ersten Mal führen die ausladenden Tourneen, die die Band ein Leben lang begleiten werden, auch nach Europa. Das Konzert auf dem Loreley-Felsen am Rhein, unweit der weltberühmten gleichnamigen Statue, ist dabei noch eines der offizielleren. In Europa kennt die Band zu der Zeit noch kein Schwein und ihre Platten sind hier noch nicht einmal erhältlich. Die allermeisten Shows spielen sie in kleineren Clubs, in denen die Bühne kaum zu erkennen ist. Dort können die Fans nach dem Konzert noch mit ihren Idolen trinken und feiern und nicht selten pennt die Band danach auf diversen Sofas unbekannter Leute.

Rund 100 Konzerte spielen sie im Jahr 1985, sie treten zum ersten Mal in England und auch Kanada auf – und verlieren dabei leider ihren Schlagzeuger.

Cliff Martinez ist es schon länger anzumerken gewesen, dass er mit dem exzessiven Lebensstil der restlichen Bandmitglieder nicht wirklich klarkommt. Dazu die permanenten Tourneen und die nicht gerade üppigen Tantiemenzahlungen ... Cliff war nur noch mit halbem Herzen bei der Sache und tat seinen Unmut darüber auch kund.

Im Frühjahr 1986 – die Band beratschlagt gerade, wann sie ihre neue Platte produzieren will –, ist es für den ruhigen Cliff zu viel. Hillel eröffnet der Band, dass 2.000 Dollar aus der Albumproduktion für Drogen vorgesehen sind. Wenig später liegen auf dem Studiotisch ein besorgniserregender Berg Kokain und ein Maulwurfshügel Heroin bereit. Hillel liegt bereits weggetreten in der Ecke und Anthony und Flea bereiten sich schon darauf vor, es ihm gleichzutun. Doch Cliff setzt sich hinter ein nigelnagelneues E-Drumset, kloppt schweigend darauf herum und anstatt mit Drogen, experimentiert er mit den neumodischen Sounds herum.

Wieder sind es Flea und Anthony, die die schlechte Botschaft überbringen müssen: Sie hätten nicht mehr das Gefühl, dass Cliff bei der Sache sei, und würden nach einem neuen Drummer Ausschau halten. Den finden sie überraschend schnell: Jack Irons hat, nachdem er von dem Breakup mit Cliff hörte, auch bei What Is This das Handtuch geworfen und steigt wieder bei seiner alten Band ein. The Fairfax Four sind wieder zusammen.

Cliff Martinez bleibt der Musik treu, wenn auch auf eine andere Art und Weise. Nur drei Jahre später nimmt er für Steven Soderberghs Film *Sex, Lies, and Videotape* den Soundtrack auf, mit dem er in den nächsten Jahren noch häufiger arbeiten wird. Auch Filme wie *Drive* von Nicolas Winding Refn oder *The Company You Keep* von Robert Redford werden später von Martinez vertont. Bis heute hält er ein freundschaftliches Verhältnis zu seinen alten Bandmitgliedern.

MILLIONAIRES AGAINST HUNGER

Als das Telefon irgendwann im Jahr 1986 in Lindy Goetz' Büro klingelt, staunt die Band nicht schlecht, als sie erfährt, wer da gerade mit ihnen sprechen möchte. Malcolm McLaren hat sich angekündigt und würde gerne ein Meeting mit den vier abhalten. McLaren, sagenumwobener Produzent, Modedesigner und Manager, der die Sex Pistols entdeckt hatte und selten eine Gelegenheit zur Provokation auslässt, passt eigentlich wie die Faust aufs Auge zu dieser Gruppe junger Pöbler. Also finden sich Anthony, Flea, Hillel, Jack und Lindy in einem kleinen Konferenzraum bei EMI ein und sind ziemlich aufgeregt. Was diese lebende Legende ihnen wohl zu sagen hat? Sonderlich häufig ist die Band übrigens bei ihrer Plattenfirma nicht zu Gast und hat einen zweifelhaften Ruf, doch daran hat sie auch fleißig mitgearbeitet. Nicht selten sind die vier nackt in die heiligen Hallen gerannt oder haben bei Partys die Stimmung absichtlich eskalieren lassen. Nun aber, das versprechen sie Lindy hoch und heilig, wollen sie sich benehmen.

McLaren sagt, er halte viel von ihnen und der Band, er könne sich eine Zusammenarbeit gut vorstellen. Er packt einen Joint von der Größe einer Zigarre aus, zündet ihn an und reicht ihn reihum. Flea nimmt ein paar kräftige Züge und denkt, dass das doch ein tolles Leben sei. Er ist Musiker, ein richtiger Künstler und jetzt sitzt auch noch ein so wichtiger Mann wie Malcolm McLaren ihm gegenüber und will mit ihm über ihre berufliche Zukunft reden. Das Leben könnte besser nicht sein, denkt Flea und reicht den Monsterjoint weiter.

Also, beginnt McLaren, die Band sei ja schon eine feine Sache, aber das ganze Marketing drumherum, das ginge so natürlich überhaupt nicht. Die Musik sei viel zu kompliziert und vier Leute ohnehin zu viel für das aus seiner Sicht dauerhaft überforderte Publikum. Sein Vorschlag wäre, die Band komplett in den Hintergrund treten zu lassen und Anthony mehr ins Rampenlicht zu stellen. Anthony ist davon kurz geschmeichelt, doch als McLaren später mit Wörtern wie Kakophonie oder Epiphanie um sich schmeißt, steigt der Sänger intellektuell aus.

Er fasse noch einmal zusammen, erklärt McLaren der verdutzten Band: Die Musik werde radikal vereinfacht, statt Funk solle man sich dem Rock'n'Roll der Fünfzigerjahre zuwenden. Einfache Harmonien, simple Melodien und Beats. Um das auch optisch zu veranschaulichen, legt McLaren einige Bilder auf den Tisch, die ein paar Surfer in neonpinken Punkklamotten zeigen. So in etwa, schließt McLaren seinen etwa halbstündigen Vortrag, müsste die Band aussehen, dann hätte sie auch Erfolg und er höchstpersönlich werde sich darum kümmern. Sein Blick schweift in die Runde. Der Joint ist inzwischen aufgeraucht, die Stimmung betreten. Hillel weiß nicht so recht, was er sagen soll, und schaut zu Anthony rüber. Der weiß auch nicht, was er sagen soll, und blickt zu Flea rüber.

Der wiederum hat den Joint überhaupt nicht vertragen und fällt spontan in Ohnmacht. Das coole Künstlerleben, denkt er noch, als sie ihn aus dem EMI-Gebäude tragen, sei manchmal überhaupt nicht so cool. Die Zusammenarbeit mit McLaren kommt, welch Überraschung, nicht zustande.

BEHIND THE SUN

Das »Hollywood Palladium« am Sunset Boulevard ist bis auf den letzten Platz gefüllt. 4.000 Menschen warten auf Run-DMC, müssen sich aber erst einen Vortrag anhören: Anthony Kiedis hat die Pre-Show der Red Hot Chili Peppers für etwa zehn Minuten unterbrochen, um das Publikum über die Gefahren des Drogenkonsums aufzuklären. Man solle die Finger von dem Zeug lassen, lallt Anthony ins weite Rund des Theaters. Dass Anthony erwartbarerweise selber völlig drauf ist, macht seine Mahnungen nicht unbedingt glaubhafter. Seiner Band, insbesondere Flea, ist der Auftritt extrem peinlich. Der Bassist hält zumindest vor den Shows die Disziplin hoch und von harten Drogen hält er nicht mehr besonders viel. Hillel hingegen gelingt das Kunststück, seine Sucht besser zu verstecken als sein Busenfreund Anthony. Dazu erscheint er regelmäßig zu den Proben und Aufnahmesessions. Der wieder dazugestoßene Jack Irons lebt inzwischen völlig clean, auch weil er relativ starke Psychopharmaka gegen seine Depression nehmen muss. Es ist klar, dass es so nicht weitergehen kann mit ihrem Sänger.

Zum Beginn des Jahres 1987 – die Band bereitet sich gerade mit ihrem Manager Lindy Goetz auf ihre nächste Platte vor – ist Anthony mal wieder für ein paar Tage verschwunden. Als er endlich, mit zerstochenen Armen und vollkommen verwahrlost im Studio auftaucht, hat er nichts zu der Produktion beizutragen. Keine Texte, keine Ideen, nur komisches Gefasel und die wiederkehrende Frage, ob jemand ihm mal 20 Dollar leihen könnte. Für die neue Platte ist die Band von ihrem früheren Vorgehen abgewichen, alternde Idole als Produzenten zu verpflichten, und so hat man sich diesmal für Michael Beinhorn entschieden, ein damals noch recht unbekannter Musiker aus New York, der die Band durch seine Zusammenarbeit mit Herbie Hancock überzeugen konnte. Beinhorn ist es auch, der die unangenehme Wahrheit ausspricht: In diesem Zustand könne man nicht mehr mit ihrem Sänger zusammenarbeiten. Flea kommt die Aufgabe zuteil, seinem besten Freund seit Jugendtagen die harte Botschaft zu übermitteln. Anthony, sagt er traurig, du bist raus aus der Band. Wir suchen uns jemand anderen. Geil, denkt Anthony. Dann kann er ja jetzt den ganzen Tag Drogen nehmen. Und haut mit seiner Heroin-Freundin Kim unter die nächstbeste Brücke ab.

Es dauert ein paar Tage, bis Anthony dämmert, was da gerade passiert ist. Seine Band, die einzige verlässliche Konstante in seinem Leben, hat ihn vor die Tür gesetzt. Und er hat nichts Besseres zu tun, als sich weiter mit Drogen vollzuknallen. Er ruft seine Mutter an.

Er habe ein ziemliches Heroin-Problem, sagt er kleinlaut. Er wolle sie in Michigan besuchen und eine Methadon-Therapie machen. Eine weitere Woche vergeht, bis Anthony sich endlich loseisen kann und in ein Flugzeug nach Detroit steigt. Seine Mutter holt ihn am Flughafen ab, hat aber gleichzeitig eine schlechte Nachricht: Die Methadon-Therapie in Michigan wurde gerade abgesetzt, er könne aber einen kalten Entzug bei der Heilsarmee machen.

Also steht Anthony im tiefsten Winter vor einem riesigen Gittertor und bittet um Aufnahme ins Notprogramm. In knapp drei Wochen, sagt einer der Mitarbeiter zu Anthonys Mutter, habe sie ihren Sohn wieder. 20 Tage lang Entzug, mit Gruppensitzungen, frühem Aufstehen und Schonkost stehen Anthony nun bevor – komplett ohne Ersatzmittel. Heroinentzug ist eine körperlich extrem unangenehme Angelegenheit. Die Patienten leiden unter Schlaflosigkeit, haben keinen Appetit und dazu starke Gliederschmerzen. Der gesamte Körper schreit nach der Droge, das gesamte Denken ist vom nächsten Schuss geprägt. Nach 20 Tagen wird Anthony wieder entlassen und der damals 24-Jährige ist zum ersten Mal seit seinem elften Lebensjahr vollkommen drogenfrei. Diesen Lebensstil hat er immer verachtet – jetzt gibt es keine andere Möglichkeit mehr für ihn.

In Los Angeles läuft derweil ein skurriles Casting ab. Flea, Hillel und Jack probieren einige Sänger aus, mit denen sie aber nicht sonderlich glücklich sind. Es ist offensichtlich, dass die Band ohne Anthony nicht weiterexistieren kann. Also nimmt Flea den Hörer in die Hand und wählt die Nummer von Anthony in Michigan. Der meldet sich verschlafen zurück. Zum ersten Mal seit Monaten hat er wieder länger als acht Stunden die Augen zugemacht. Ihm gehe es gut, erzählt er. Er nehme keine Drogen mehr und wünsche der Band viel Erfolg mit dem neuen Sänger. Flea wird stutzig. Diesen Tonfall in Anthonys Stimme, den hat er das letzte Mal während ihrer Highschool-Zeit gehört. Also, fängt er etwas unbeholfen an, wenn Anthony Lust habe und sich danach fühle, könne er gerne wieder zurückkommen und bei der nächsten Platte dabei sein. Sie hätten viele schöne Songs geschrieben und bräuchten noch ein paar Texte. Und auf Live-Shows hätten sie natürlich auch Bock.

Anthony muss weinen, als er das hört. Er hat keine Wohnung mehr, keine Freundin und wisse nicht, wohin. Er könne bei Lindy Goetz wohnen, sagt Flea. Hauptsache, er komme endlich wieder nach Hause.

THE UPLIFT MOFO PARTY PLAN

Das Capitol Building in Hollywood ist schon eine Sehenswürdigkeit für sich. Von der Turmspitze funkt ein Blinklicht das Wort »Hollywood« im Morsecode, unter der Erde befinden sich die Echo Chambers, die einen analogen Nachhall ermöglichen. Mit den »Capitol Studios« befindet sich hier ebenfalls ein Stück Musikgeschichte. Frank Sinatra nahm hier sein Album *Frank Sinatra Conducts Tone Poems of Color* auf, genauso wie die Beach Boys ihr berühmtes *Surfin' USA* und viele Jahre später werden hier auch Green Day ihr Meisterwerk *American Idiot* einspielen. Als die Red Hot Chili Peppers am 4. Mai 1987 den heiligen Ort betreten, haben sie schon so ein Gefühl, dass das hier eine gute Platte werden könnte.

Und tatsächlich ist *The Uplift Mofo Party Plan* ihre bis dahin beste Aufnahme. Zum ersten ist die Originalbesetzung der Fairfax High auf einer Aufnahme vertreten. Produzent Michael Beinhorn hatte vorab die Vorgängeralben aufmerksam studiert und festgelegt, welche Fehler man diesmal vermeiden sollte. Warum es zuvor nicht gelungen war, die Live-Energie der Red Hot Chili Peppers auf Vinyl zu pressen, war ihm ein Rätsel. Nach der Wiederauferstehung ihres Sängers aus dem Heroin-Sumpf legt man vorab einige Regeln fest, um die Produktion nicht zu gefährden. Anthony hält sich weitestgehend an das neue, drogenfreie Leben, auch wenn er bei Cannabis und Alkohol gerne Ausnahmen macht. In der Zeit wird er zum Fitness- und Ernährungsfreak und wenn er doch wieder in den Drogenexzess abgleitet, so dauern diese Phasen nur noch wenige Tage an, bis er sich wieder fängt. Hillel hingegen erscheint zwar regelmäßig zugedröhnt zu den Sessions, doch leidet seine Mitarbeit nicht sonderlich unter seinem Zustand.

Mit dem Song »Behind the Sun« gelingt der Band etwas bis dato Einmaliges: Sie landen zumindest im College-Radio so etwas wie einen Hit, auch wenn sich ihre Plattenfirma weigert, diesen als Single zu veröffentlichen. Dafür erweitern die Red Hot Chili Peppers mit der relativ poppigen und psychedelisch anmutenden Nummer über Anthonys Bad mit einem sprechenden Delfin ihr Songspektrum. Für die Gesangsmelodie ist Michael Beinhorn verantwortlich, der folgerichtig auch als Co-Autor im Booklet landet. Ansonsten ist die Produktion der Platte von viel Zwist mit EMI geprägt. Schon bei der letzten Produktion hatte man sich dazwischengeschaltet und erreicht, dass der Song »Blowjob Park« noch rechtzeitig in »Battleship« umbenannt wurde. Die politischen Zeiten Mitte der Achtzigerjahre sind geprägt von starkem Konservatismus und zunehmender Prüderie. Die Reagan-Ära neigt sich zwar langsam ihrem Ende zu (um von George Bush sen. weitergeführt zu werden) doch insbesondere die allmählich älter werdende Beat-Generation möchte ihre Musik in immer konservativere Bahnen lenken. 1985 hatte sich das Parents Music Resource Center (PMRC) gegründet, die bestimmten Platten nun regelmäßig ihr Label aufklebte: X für sexuell Anstößiges, O für Okkultes, D/A für Drogen oder Alkohol oder ein V für Gewalttätiges.

Lieder wie »Party on Your Pussy«, das noch eilig in »Special Secret Song Inside« umbenannt wurde, oder das auf dem Vorgängeralbum veröffentlichte »Sex Rap« waren Wasser auf die Mühlen der Puristen und dass man den Red Hot Chili Peppers, einer Band, die gerne nackt auf die Bühne ging, überhaupt erlaubte, Platten zu produzieren, grenzt an ein kleines Wunder.

Doch nun, nach vier Jahren Bandbestehen, drei Platten, Hunderten Shows und vielen neugewonnen Fans, scheint die Saat endlich Früchte zu tragen. Die Albumkritiken sind durchaus positiv, die Resonanz aus dem Radio ist noch klein, aber spürbar und auch musikalisch ist eine deutliche Entwicklung zu hören. Doch auf das Hoch folgt ein spürbares Tief. Die Band feiert sich für ihre Erfolge, geht auf Tour – und wird nur wenige Monate später fast daran zerbrechen.

KNOCK ME DOWN

Anthony spürt es als erster. Als die Band zum Jahresbeginn 1988 auf ihre erste ausgedehnte Europatour fährt, ist er gerade dabei, Gefallen an seinem drogenfreien Leben zu finden, auch wenn er auf Tour immer wieder großzügige Ausnahmen davon macht. Auch Zigaretten meidet der Sänger inzwischen. Hillel hingegen ist fast nicht mehr wiederzukennen.

Als Hillel und Flea vor ihrem Auftritt in Berlin hinter der Bühne aus Spaß miteinander ringen, ist der Gitarrist schon nach wenigen Sekunden am Boden und schafft es kaum noch hoch. Es wird gleich wieder, keucht er und schleppt sich mit letzter Kraft auf die Bühne. Nur wenige Tage später, kurz vor ihrem Auftritt in einem kleinen Londoner Club, geht Hillel schon während der ersten Nummer wieder runter, setzt sich in den Backstage-Bereich und weint. Er könne einfach nicht mehr, sagt er immer wieder, und alle Versuche, ihn wieder aufzubauen, scheitern. Die Band spielt den Gig ohne Gitarrist und mit vielen Bass- und Schlagzeugsoli zu Ende.

Hillels Zustand ist derartig besorgniserregend, dass die Band darüber nachdenkt, ihn zu feuern. Während einer Tourpause im Frühjahr 1988 ist es nun Hillel, der nicht mehr zu den Proben erscheint. Es kommt zum Streit mit Flea. Der hat inzwischen seine Freundin, die Schauspielerin Loesha Zeviar, geheiratet, die auch noch schwanger ist – nachvollziehbar, dass er aktuell keine Lust mehr auf dieses Leben hat. Für ein paar Tage probt die Band mit DeWayne »Blackbyrd« McKnight, ehemaliger Gitarrist von Funcadelic. Den Kontakt stellt George Clinton für sie her. Doch nach einigen Tagen versuchen sie es wieder mit ihrem alten Gitarristen. Alte Liebe rostet eben nicht.

Als die Band im Mai wieder nach Europa fliegt, um ein paar Festivals mitzunehmen, ist Hillels Zustand erneut schlechter geworden. Der Zeitplan ist stramm, für den 25. Juni hat EMI bereits vorab den Beginn der nächsten Plattenproduktion angesetzt. Im Nachtzug nach Oslo teilen sich Anthony und Hillel ein Schlafwagenabteil. Ob er schon wisse, fragt Hillel, dass Oslo die Hauptstadt des europäischen Heroin-Marktes sei? Ein Insiderwitz, der die Band schon seit Jahren auf Tour begleitete: Jede europäische Stadt, in der sie aufschlugen, sei das Zentrum des weltweiten Verbrechens und dort hätten sie bestimmt Gelegenheit, sich mit Ware einzudecken, so erzählen sie es sich regelmäßig. Doch sie bleiben standhaft – bis die Band Anfang Juni zurück nach Los Angeles fliegt. Hillel und Anthony umarmen sich, bedanken sich für die gute Zeit und wünschen sich alles Gute. Man würde sich ja bald im Studio wiedersehen. Sowohl Anthony als auch Hillel fahren schnurstracks zu ihren Tickern und legen wieder los.

Ihre neueste Entdeckung: sogenannte Speedballs. Auf einen Schuss Heroin ziehen sie zusätzlich einige Nasen Kokain. Während der Körper aufgrund der sedierenden Wirkung des Heroins herunterfährt, drehen im Kopf aufgrund der aufputschenden Wirkung des Kokains die Neurotransmitter voll auf. Das Problem dabei ist, dass viele Konsumenten es nicht mehr rechtzeitig bemerken, sollten sie eine der Substanzen überdosiert haben. Die Liste der Menschen, die so ihr Leben verloren, ist lang. John Belushi, Teil der legendären Blues Brothers, der Schauspieler Philip Seymour Hoffman oder auch der Jazztrompeter Chet Baker, den Flea sogar kurz vor seinem Tod persönlich kennengelernt hat. Hillel Slovak wird am 25. Juni 1988 diese traurige Liste fortsetzen.

Noch am selben Tag telefoniert er mit seinem Bruder James. Dieser hatte angefangen, sich Sorgen zu machen über den Gesundheitszustand seines jüngeren Bruders, und droht inzwischen sogar damit, ihre Mutter über die Sucht Hillels aufzuklären. Heroin zu nehmen sei wie russisches Roulette, sagt James. Er könne bald der Nächste sein. Ich weiß, sagt Hillel traurig, und ich liebe dich, Bro.

Noch am selben Tag – Hillel arbeitet gerade an einem abstrakten, in düsteren Tönen gestalteten Gemälde eines Mannes – setzt er sich einen Schuss Heroin, nachdem er zuvor bereits Kokain konsumiert hat. Die Dosis ist zu stark, er bricht noch vor der Staffelei zusammen und landet auf dem Gemälde. Die Zigarette in seiner Hand brennt ein Loch in die Leinwand, unterhalb des rechten Auges des Mannes. Erst zwei Tage später findet ein Freund die Leiche. Hillel Slovak wird 26 Jahre alt.

Wenige Tage später wird er in einer geschlossenen Zeremonie im Mount Sinai Memorial Park, einem jüdischen Friedhof in den Hollywood Hills, beerdigt. Neben seiner Familie sind Dutzende Freunde und Bekannte gekommen, um ihrem Freund die letzte Ehre zu erweisen. Doch außer Flea hat es niemand aus seiner Band geschafft. Jack Irons ist wegen eines Nervenzusammenbruchs in eine psychiatrische Klinik eingeliefert worden. In den nächsten Tagen wird er seinen Bandmitgliedern über Lindy Goetz mitteilen lassen, dass er aus der ganzen Sache raus sei. Er wolle nicht mehr bei etwas mitmachen, was seine Freunde umbringe. Dafür wurden die Red Hot Chili Peppers schließlich nicht gegründet.

Und Anthony? Der liegt derweil auf einer dreckigen Matratze unter einer Autobahnbrücke und versucht seinen Kummer durch immer weitere Schüsse zu ertränken. Dass er, der engste und beste Freund von Hillel, nicht aufkreuzt, nehmen die Slovaks ihm noch lange übel. Kurz danach flieht er in eine kleine Hütte nach Mexiko, macht auf eigene Faust einen weiteren kalten Entzug und fasst einen Entschluss: Er will vom Heroin wegkommen. Er ruft einen Freund an und schildert diesem sein Problem. Aktuell, so sagt er, komme er einfach nicht mehr drauf, egal wie stark er die Dosis erhöhe. Der Freund macht ihm ein Angebot: Er wüsste da eine sehr gute Klinik, die ihm helfen könnte. Der Kostenpunkt allerdings liege bei 10 000 Dollar. Das sei alles, was er auf dem Konto habe, entgegnet Anthony. Dann solle er das auf jeden Fall machen, sagt der Freund. Sonst würde er danach vielleicht nie wieder die Gelegenheit haben, 10 000 Dollar zu verdienen.

GOOD TIME BOYS

Im Jahr 1986 erlebt der 16-jährige John Frusciante ein Wunder: Er besucht ein Konzert der Red Hot Chili Peppers im »Variety Arts Center« in Los Angeles. So eine Musik hatte er noch nie gehört. Anthony Kiedis hüpft herum wie ein Gummiball, von dem niemand die Augen abwenden kann. Hillel Slovak wirbelt seine Gitarre umher und Flea reißt natürlich wieder eine Saite. Nach diesem Konzert ist John Fan, tapeziert seine kleine Wohnung in Downtown L.A. mit Postern seiner neuen Lieblingsband und übt noch mehr Gitarre als ohnehin schon. Bis zu 15 Stunden am Tag sind nicht ungewöhnlich.

John Anthony Frusciante wird am 5. März 1970 im New Yorker Stadtteil Queens als Sohn einer Hausfrau und eines Rechtsanwalts geboren. Die Mutter wollte eigentlich Sängerin werden, doch die Ehe und ihre neue Rolle als Mutter verhindern diesen Plan. Die Familie zieht früh nach Florida, bis sich Johns Eltern, als er sechs Jahre ist, trennen. Die Mutter zieht mit John Richtung Santa Monica, wo sie sich neu verliebt. Ihr neuer Freund ist ein richtiger Musiknerd und unterstützt seinen Stiefsohn darin, seinem Hobby nachzugehen. Mit elf hat John seine erste Gitarre und beginnt, seine Lieblingsinterpreten der damaligen Zeit auseinanderzunehmen. Er bringt sich Musiktheorie bei, schreibt eigene Songs und kann schon als Teenager die Soli großer Namen wie Jimi Hendrix, Jeff Beck und Jimi Page nachspielen. Als er mit 16 Jahren die Highschool verlässt, schreibt er sich am Guitar Institute of Technology ein, erscheint dort aber schon nach mehreren Wochen nicht mehr und versucht sein Glück auf eigene Faust. Und das klappt ziemlich gut.

Über einen gemeinsamen Freund, den ehemaligen Dead-Kennedys-Schlagzeuger D. H. Peligro, lernt John schließlich im Alter von gerade mal 18 Jahren sein großes Idol Flea kennen. Die beiden jammen, verstehen sich gut – nicht nur, weil sie eine gemeinsame Leidenschaft für dieselbe Musik und Marihuana teilen. Auch mit Hillel Slovak kann John so zum ersten Mal sprechen. Ob er die Band immer noch mögen würde, soll Hillel ihn damals gefragt haben, wenn sie auf den richtig großen Bühnen stehen würden? Nein, antwortet John, dann würde die Magie der Band vermutlich verloren gehen.

Nur wenigen Monate nach Hillels Tod, im September 1988, spielen die Red Hot Chili Peppers ein paar Gigs in ihrer neuen Besetzung. Flea und Anthony wollen auf jeden Fall weitermachen, die Tatsache, dass sie noch für einige Jahre einen Vertrag bei EMI haben und somit empfindliche Vertragsstrafen gedroht hätten, wird dabei eine Rolle gespielt haben. Doch die Besetzung, die die verstorbenen oder abgewanderten Bandmitglieder ersetzen soll, harmoniert nicht. Der frühere Funcadelic-Gitarrist McKnight spielt etwas zu funkig und kann mit Flea nicht wirklich zusammenspielen, D. H. Peligro wiederum hat selber zu der Zeit so starke Drogenprobleme, dass Flea und Anthony sich auch von ihm trennen müssen.

Flea erzählt von diesem John, den er letztens kennengelernt habe, der sei wohl echt gut und dazu ein riesiger Fan der Band. Anthony beschließt, sich das mal genauer anzusehen – als er herausfindet, dass John gerade von der Band Thelonious Monster angefragt wurde. Da die Bands gut miteinander befreundet sind, kommt Anthony zu dessen Vorspiel einfach mit – und schnappt ihnen den jungen, talentierten Gitarristen vor der Nase weg. Dieser Junge, denkt Anthony, der müsse ein Red Hot Chili Pepper werden, kein Monster. Als John am nächsten Tag von Flea erfährt, dass sie ihn gerne in der Band haben wollen, springt er vor Freude durch das ganze Haus. Er hat es geschafft, er ist in seiner absoluten Lieblingsband gelandet. Nun müssen sie nur noch einen Schlagzeuger finden, dann könnte es eigentlich losgehen.

FUNKY MONKS

Eines muss man Anthony und Flea lassen: Die einzigen beiden Konstanten in der Bandhistorie der Red Hot Chili Peppers hatten in der Regel ein gutes Händchen dafür, wer in ihre Band passt und wer nicht – und sollten sie mal danebengelegen haben, wussten sie auch dies schnell zu korrigieren. Dass es mit D. H. Peligro nicht klappt, hat tatsächlich weniger damit zu tun, dass er kein guter Schlagzeuger ist oder man nicht miteinander klarkommt. Ganz im Gegenteil, man mochte sich sogar sehr gut leiden, doch der zu der Zeit extreme Drogenkonsum des Schlagzeugers passt nicht mehr in die Band, die harte Drogen nun konsequent meidet. Anthony ist seit seiner Therapie sogar so weit, vollständig auf Rauschmittel zu verzichten. Nur Flea und John rauchen gerne und viel Marihuana, eine Angewohnheit, die auch Flea in den nächsten Jahren einstellen wird. Die Trennung von Peligro wird eine der schwersten in der Bandgeschichte. Dieser ist über die schlechte Nachricht so sauer, dass er droht, Anthonys Haus abzufackeln, auch wenn er zu dem Zeitpunkt gar keins hat. Am 27. Oktober 2022, kurz vor Halloween, stürzt Peligro in seinem Haus in Los Angeles die Treppe herunter und stirbt im Alter von 62 Jahren.

Die Schlagzeugersuche gestaltet sich überraschend schwierig. Etwa 40 Drummer spielen bei der Band vor, die meisten schaffen es nicht mal durch die »Sicherheitsschleuse«: Im Vorzimmer zu ihrem Proberaum müssen sich die Drummer erstmal von Lindy Goetz mustern lassen, um die Spreu vom Weizen zu trennen. Doch selbst die besseren Schlagzeuger überzeugen nicht und die Band ist enorm frustriert.

Da betritt ein riesiger, langhaariger Typ ihren Proberaum und fragt, wo er denn sein Schlagzeug aufbauen solle. Er habe gehört, man suche gerade jemanden. Ja, stimmt, entgegnet die Band. Sei er nicht derjenige, fragt John, der Drumkits zum Frühstück verspeise? Eine Freundin von ihm hatte von ihm berichtet.

Genau der, sagt der riesige Typ, der sich als Chad Smith vorstellt. Er hatte zwar schon von der Band gehört und sich noch auf der Hinfahrt eine ihrer EPs besorgt, aber wirklich willkommen fühlt er sich nicht. Flea, mit blauer Kurzhaarfrisur, beäugt den Schlagzeuger skeptisch. Er hasst alles, was mit Heavy Metal zu tun hat, besonders diese lockigen langen Haare und das Stirnband sind aus seiner Punkersicht ein modisches No-Go. Auch John mit seinem rotgefärbten Irokesen traut dem Riesen aus Detroit zunächst nichts zu – bis sich Chad Smith ans Schlagzeug setzt und loslegt.

Chad Gaylord Smith wird am 25. Oktober 1961 in St. Louis, Minnesota geboren und wächst, genau wie Anthony, in Michigan auf. Musikalisch kommt er allerdings aus einer ganz anderen Ecke. Er ist begeisterter Metal-Fan, liebt die damals gerade voll durchstartenden Guns N' Roses und fühlt sich in diesem Stil auch viel wohler. Dass er dennoch Funk beherrscht, ist seinem Fleiß und einigen seiner Lehrer geschuldet. Larry Fratangelo, früherer Percussionist bei Funcadelic, schafft es, den 1,90 Meter großen Schlagzeuger für die schnellen R&B-Beats zu begeistern. Auch wenn der erste Eindruck noch täuscht, so merkt die Band schnell, was für einen Ausnahmedrummer sie hier gerade vor sich haben.

Flea hat so etwas zuvor noch nicht erlebt. Der Bassist ist es gewohnt, dass er führt und das Tempo vorgibt, nun ist es genau andersrum. Chad springt von seinem Sitz auf, fängt an zu schreien und schlägt wie ein Berserker auf sein Schlagzeug ein. Du scheiß Punk, brüllt er Flea an, du magst es hart und dreckig? Das könne er haben – also spielt Chad einfach doppelt so schnell wie Flea den Takt eingezählt hat. Du kleiner Motherfucker, brüllt Flea zurück, dann mach doch, wenn du kannst. Das geht noch eine ganze Weile so weiter, immer lauter, immer wilder schreien sich Bassist und Schlagzeuger an und John reißt mitten im Jam eine Saite. Die neue Rythm-Section lässt sich davon aber nicht beeindrucken und macht ohne Gitarre weiter.

Anthony und Lindy Goetz sitzen derweil auf dem Sofa und kriegen den Mund vor Staunen nicht mehr zu. Lindy ist sich sicher, noch nie in seinem ereignisreichen Leben einen so guten Schlagzeuger gehört zu haben. Diese Hingabe, dieser Punch – den müssen sie einfach haben, egal, wie scheiße er eben aussehe und wie schlecht sein Musikgeschmack sein mag, denkt Anthony.

Als Chad fertig ist und freundlich grüßend geht, liegen Dunstschwaden in der Luft. Meine Güte, keucht Flea völlig außer Atem, war das geil. Den nehmen wir. Aber nur unter einer Bedingung: Er müsse sich den Schädel rasieren, wie sie Chad einen Tag später am Telefon mitteilen. Sie könnten mal seinen großen haarigen Arsch lecken, entgegnet der. Genommen haben sie ihn dann trotzdem.

MOTHER'S MILK

Nein, erklärt Michael Beinhorn. Das gehe so nicht. John könne nicht hier seine billige Ibanez-Gitarre ins »Ocean Way Studio« schleppen. Er sei jetzt Rockstar, spiele in einer richtigen Band und solle sich ein vernünftiges Instrument kaufen. John lässt sich das nicht zweimal sagen und deckt sich unweit des Sunset Boulevard mit einer nagelneuen Fender Stratocaster und einer Gibson Les Paul ein. Besonders die Stratocaster wird in den kommenden Jahren zu seinem Hauptinstrument, auch wenn auf der neuen Platte *Mother's Milk* noch vorwiegend die für Gibson typischen Humbucker zu hören sind. Denn Michael Beinhorn hat einen Plan, wie er den neuen Gitarrensound der Band prägen und ihnen möglicherweise auch zu mehr Aufmerksamkeit verhelfen kann.

Also legt Beinhorn früh fest, dass die Platte punkiger werden soll als ihre Vorgänger. Denn zum einen ist John noch nicht ganz auf der Höhe, um mit seinem Vorgänger Hillel mitzuhalten. Den funkigen Sound muss er sich erst antrainieren. Und dazu ist der gerade mal 19-Jährige noch unerfahren und ziemlich grün hinter den Ohren – der macht noch am ehesten das, was der Produzent ihm sagt. John fügt sich, ist aber zunehmend unzufrieden mit der Studioarbeit. Die Fokussierung auf harte, schnelle Punkriffs gefällt ihm nicht, aber der Frischling tut, wie ihm geheißen.

Von seiner Unerfahrenheit merkt man im Studio und auch bei den allmählich wieder anlaufenden Live-Gigs wenig. Die Tatsache, dass er sämtliche Songs der Band in- und auswendig kennt, macht die Zusammenarbeit für die Red Hot Chili Peppers leicht und wenn Flea mal seinen Part vergessen hat, weiß er, wen er fragen muss. Denn auch die Bassläufe ihrer Songs beherrscht John im Schlaf. Beim Songwriting profitiert die Band gewaltig von ihrer Neuentdeckung. John denkt, im Gegensatz zu Flea, Anthony und Hillel sehr viel mehr in Melodien, hat Ahnung von Musiktheorie und hat dazu ein breit gefächertes Wissen über verschiedenste Stile. Der Sprechgesang von Anthony erweitert sich minütlich, auch angeregt durch den Gitarristen schreiben sie nun viel gradlinigere Songs, die zumindest potenziell auch im Radio funktionieren können. Chad und Flea haben sich schnell aneinander gewöhnt, der unglaubliche Druck, mit dem der Schlagzeuger auf sein Arbeitsmaterial einschlägt, geben der Band den letzten Schliff. Die Formation, in der die Red Hot Chili Peppers ihre musikalisch besten sowie kommerziell erfolgreichsten Platten einspielen werden, steht.

Für den Teenager John, der noch vor wenigen Jahren in seinem Kinderzimmer Gitarre geübt hat, geht ein Traum in Erfüllung. Er spielt in seiner absoluten Lieblingsband vor Hunderten, manchmal Tausenden wild kreischender Menschen, und sein Kopf hat Mühe, mit der explosionsartigen Entwicklung mitzuhalten. Insbesondere die zahlreichen Interviews mit ahnungslosen Journalisten sind für ihn die Hölle, er verhält sich ausfallend und herablassend und fällt mit wilden Beleidigungen auf. Auf der späteren Tour wird ihn das Label eines Tages zurückschicken, da sein Verhalten nicht mehr tragbar ist. Auch er beginnt rasch, seinen Drogenkonsum zu erweitern, vorwiegend Cannabis, Kokain und jede Menge Alkohol, vom Heroin lässt er, auch auf Anraten von Anthony zunächst die Finger. Der Sänger ist seit dem Tod von Hillel völlig clean, wird dafür aber immer verurteilender gegenüber anderen, wenn sie Drogen konsumieren. Wenn John mit Flea zum Kiffen aus dem Probenraum geht, bleibt Anthony angewidert zurück und möchte nicht einmal in die Nähe des Geruchs kommen. John himmelt Anthony unterdessen an, sie verbringen weite Teile ihrer Freizeit miteinander und John nennt ihn einmal den älteren Bruder, an dem er sich immer habe orientieren wollen. Flea und Anthony unterdessen bekommen sich wiederholt in die Haare, wohl auch, weil sich Flea an der immer diktatorischeren Art seines besten Freundes zu reiben beginnt. Chad wiederum ist die Ruhe in Person, versteht sich mit jedem gut, ohne zu intim mit seinen Bandkollegen zu werden. Er erscheint stets nüchtern, gut gelaunt und vor allem pünktlich im Studio, schlägt sein Schlagzeug zu Brei, redet wenig und wenn er nicht mehr gebraucht wird, dann fährt er nach Hause.

Als nach mehreren Monaten im Studio die Platte am 16. August 1989 erscheint, geht bereits ein Ruckeln durch die amerikanische Musiklandschaft. Die Band ist inzwischen keine Unbekannte mehr, ihre vielen Live-Auftritte haben ihnen ein treues und begeistertes Publikum beschert, das nun endlich auch einmal das Gefühl hat, den Live-Sound der Band auch auf Platte erleben zu können. Der Titel rührt daher, so beschreibt es Flea, dass er während der Schwangerschaft seiner Frau relativ viel Muttermilch getrunken habe. Die Plattenfirma ist, mal wieder, nicht begeistert von der Namensgebung und vor allem die barbusige Frau auf dem Cover erzürnt so manchen konservativen Logistiker, die die Plattenbestellungen direkt canceln. Um den Frieden zu sichern, wird die Band, getragen von einer Hand der nackten Dame, vergrößert, sodass die Brüste weitestgehend bedeckt sind. Wegen der ausfallenden Sprache erhält die Platte auch ein Explicit Language Rating – für Anthony ein Grund zur Freude.

Sechs Jahre nach Gründung der Band, mehreren Umbesetzungen und dem Tod eines ihrer Gründungsmitglieder erlebt die Band kommerziellen Erfolg. Das Album steigt zum ersten Mal in die Charts, wenn auch nur auf einen etwas weniger Ruhmreichen 52. Platz. Auch ihr Cover von Stevie Wonders »Higher Ground« schafft es in den Mainstream. Neben »Knock Me Down«, einem Lied, das sie Hillel gewidmet haben, gibt es auch eine ältere Live-Version von Jimi Hendrix' »Fire«, auf dem ihr alter Gitarrist zu hören ist. Die Platte verkauft sich gut und als Lindy Goetz im Herbst 1989 zu einem Meeting ruft, hat er gute Nachrichten: Er habe Schecks der EMI in der Tasche – mit jeweils einer Million Dollar für jeden. Die Zeiten der schnorrenden Punks, die in heruntergekommenen Bruchbuden hausen und sich ständig Geld bei ihrem Manager für Drogenkonsum schnorren müssen, sind somit vorbei.

SIR PSYCHO SEXY

Am 21. April 1989 klopft die junge Studentin Joan A. Crown an die Tür des Backstage-Raums im »George Mason University Patriot Center« in Fairfax, Virginia. Die Mitorganisatorin des Konzertabends hatte angeboten, die

Red Hot Chili Peppers noch nach dem Auftritt zu ihrem Hotel zu fahren, als ihr ein splitterfasernackter Anthony die Tür öffnet und sie dazu drängt, hereinzukommen. Die junge Frau ist von der offensichtlichen Anmache des Sängers irritiert und weiß nicht, wie sie reagieren soll. Als dieser beginnt, mit seinem Penis hin- und herzuwackeln und ihn in Richtung ihres Gesichts zu klatschen, verlässt sie fluchtartig den Raum und geht zur Polizei. Anthony wird noch am selben Abend wegen exhibitionistischen Verhaltens sowie sexueller Belästigung verhaftet und gegen Kaution freigelassen. Er wehrt sich medial gegen die Vorwürfe, sagt, das sei ein Missverständnis gewesen und sowohl er als auch seine Bandmitglieder würden so etwas niemals machen. Ein Gericht spricht ihn wenige Monate später schuldig und verurteilt ihn zu einer Geldstrafe von 1.000 Dollar. Er entschuldigt sich öffentlich bei der Studentin und verspricht, dass so etwas nicht mehr vorkomme.

Allerdings war der Übergriff auf Joan A. Crown kein Einzelfall und ist vermutlich nur die öffentlich sichtbare Spitze des Eisberges an sexuell übergriffigem Verhalten von Anthony Kiedis. In seiner Autobiografie schreibt er ungeniert von seinen sexuellen Streifzügen, von Sex mit Minderjährigen und von seinen ständigen Betrügereien. Auf der allerersten Tour der Red Hot Chili Peppers schlief er mindestens jeden zweiten Tag mit einem Groupie, auch wenn er seiner Freundin Jennifer jedes Mal beteuerte, er würde sie niemals betrügen. Als er kurz darauf herausfindet, dass auch sie eine andere Affäre hatte, macht er sofort Schluss.

Auch der Rest der Band hat sich diesbezüglich eine Menge zu Schulden kommen lassen. Vor allem John kommt mit dem vielen Ruhm, dem vielen Geld und der Aufmerksamkeit nicht gut zurecht. Er verhält sich arrogant und herablassend gegenüber Frauen und als zwei ältere, weibliche Fans mit Kleinkind auf dem Arm ihren Lieblingsgitarristen um ein Autogramm bitten, schreibt er, er sei so gewaltig groß, er würde gerne ihr Jungfernhäutchen zerstören. Ein Jahr später, die Chili Peppers spielen »Knock Me Down« als Playback auf einer von MTV organisierten Spring-Break-Party, zerren Flea und Chad eine junge Frau auf die Bühne und versuchen, ihr den Badeanzug vom Leib zu reißen. Auch sie werden dafür zu einer Geldstrafe verurteilt. Insbesondere Flea ist die Sache sehr peinlich, wie er mehrmals in Interviews erzählt. Ob und wie viele weitere Frauen noch Opfer sexueller Übergriffe wurden, ist nicht bekannt, auch wenn wiederholt darüber berichtet wurde. Solches Verhalten ist mit nichts zu rechtfertigen, auch nicht mit den teilweise gewaltvollen Biografien der Bandmitglieder und dem Aufwachsen eines Anthony Kiedis auf den ständigen Drogen- und Sexpartys seines Vaters. Insbesondere in den Anfangsjahren der Band dürften sich solche Dinge immer wieder abgespielt haben, auch wenn das wachsame Auge der Öffentlichkeit noch nicht über der Band lag. Zur traurigen Wahrheit gehört leider auch, dass die Red Hot Chili Peppers mit ihrem sexistischen Verhalten keine Ausnahme bilden. Sexismus und sexualisierte Gewalt gehörten und gehören weiterhin zum Alltag in der Musiker- und Künstlerszene und wurden lange Zeit von Medien normalisiert. Erst die in den letzten Jahren aufkommende MeToo-Bewegung versucht Stück für Stück aufzudecken, wie häufig und permanent Frauen von Männern sexuell genötigt werden, und so mancher Fan musste sich bereits von liebgewonnen Idolen verabschieden. Würden wir gemeinschaftlich eine Zeitreise in die Punkszene der Achtzigerjahre machen (ältere Leserinnen und Leser erinnern sich vielleicht auch so), so wären wir vermutlich kollektiv entsetzt darüber, wie alltagssexistisch es zuweilen zuging. Soll doch mal einer sagen, es hätte sich nichts verändert.

BLOOD SUGAR SEX MAGIK

Irgendetwas stimmt nicht mit diesem Haus, bemerkt John. Der Gitarrist sitzt alleine vor seinem Verstärker und hat das Gefühl, irgendetwas würde ihm über die Schulter schauen, auch wenn er die Begegnung nicht direkt gruselig findet. Die Stimmen, die ihm hier zuflüstern, klingen freundlich, anscheinend gefällt den fremdartigen Wesen, was er da gerade macht. Als er seinen Take fertig eingespielt hat, bemerkt er, dass er einen riesigen Ständer hat und begibt sich in sein Zimmer, um sich diesem anzunehmen. Die paranormalen Einflüsse, so erzählt er später, seien womöglich der Grund, warum die Platte so gut geworden ist – und sind gleichzeitig der Auftakt für die allmählich beginnende Umnachtung des jungen Gitarristen.

Die riesige Villa am Laurel Canyon Boulevard, genannt »The Mansion« mitten in den Hollywood Hills ist ein imposantes Gebäude mit etwa 18 Schlafzimmern, verzierten kleinen Türmchen und hat dazu eine lange und ruhmreiche Geschichte. Angeblich sollen die Beatles in diesem Haus das erste Mal LSD probiert haben, auch Jimi Hendrix habe sich hier wohl eine Zeit lang aufgehalten und der berühmte Zauberer Houdini lebte für einige Jahre nur wenige Meter nebenan. Außerdem trägt das 1918 erbaute Gemäuer ein dunkles Geheimnis in sich: es spukt. Hätte es einen besseren

Ort gegeben, um ein bahnbrechendes Album der Musikgeschichte aufzunehmen?

Die Idee kommt von ihrem neuen Produzenten Rick Rubin, der sich davon hatte überzeugen lassen, mit den Red Hot Chili Peppers zusammenzuarbeiten. Die waren schon länger große Fans von ihm und spätestens seit seiner Kooperation mit den Beasty Boys wollten sie unbedingt mit ihm arbeiten. Doch nach einem kurzen Meeting mit der Band hatte er die Flucht ergriffen, aufgrund der unheimlichen Energie, die von der Truppe damals noch ausging. Nun, in ihrer neuen Besetzung, ihrem sanfteren Umgang mit Drogen, dem kommerziellen Achtungserfolg durch *Mother's Milk* sowie einen neuen Vertrag mit Warner Brothers stand der Zusammenarbeit nichts mehr im Weg. Wie praktisch, dass die Villa dem großen, bärtigen Mann inzwischen gehörte.

Die Band ist begeistert von dem Plan und legt sogar noch einen drauf: Für die acht Wochen der Produktionsphase wird die Villa nicht verlassen. Sie stellen eine Köchin sowie Laufburschen ein, verbringen die komplette Zeit zu viert und wollen sich voll und ganz auf die neue Platte fokussieren. Der einzige Gast, der regelmäßig Zugang erhält, ist Fleas Schwager, der die Produktion in seinem Film *Funky Monks* für ein breites Publikum festhält. Abends allerdings ist die Band dann doch zu dritt, denn Chad hat nur bedingt Lust, acht Wochen lang in diesem unheimlichen Schloss auszuharren. Türen öffnen sich wie durch Geisterhand, ungewöhnliche Geräusche dringen aus den Wänden und manchmal flackern mitten in der Nacht alle Lichter. Dem Schlagzeuger ist das zu unheimlich und so fährt er jeden Abend nach Hause. Dieser Darstellung widerspricht Chad in späteren Interviews allerdings deutlich: Er habe einfach lieber zuhause bei seiner Frau geschlafen als hier.

Die Zusammenarbeit mit Rick Rubin wird sich als absoluter Glücksgriff herausstellen. Er bringt ihnen bei, sich auf das Wesentliche eines Songs zu fokussieren. »Keep it simple« ist ein Satz, der in diesen Wochen des Öfteren fallen wird. Für die kommenden Jahrzehnte wird er ihr Produzent bleiben. Den Bandsound reduziert er auf das Wesentliche, verzichtet vollständig auf Overdubs und lässt insbesondere John mehr Raum für seine eigenen Ideen. Unter das Schlagzeug werden zwei verschiedene Halls gemischt und die von Michael Beinhorn erfundenen Refrain-Chöre wie auf *Mother's Milk* übernommen, diesmal allerdings singt Mama Frusciante mit ein paar Freunden die zusätzlichen Stimmen ein. Zum ersten Mal schreibt die Band so viele Songs, dass sie den ein oder anderen auf B-Seiten oder Soundtracks auslagern müssen – und vor allem gelingt ihnen endlich ein richtiger Hit.

Angefangen hatte es mal als Gedicht, nachdem ein genervter Anthony aus dem Probenraum gestürmt war, da er sich vom bekifften John und Flea nicht verstanden fühlte. Er schreibt über seine Zeit vor Hillels Tod, wo er unter den Autobahnbrücken L.A.s herumlag, und dass er sich einsam fühle. Als Rick einige Wochen später ein paar von Anthonys Notizen durchschaut, bittet er ihn, eine Melodie auf den Text zu singen. Das müsse unbedingt aufs Album, ruft er, aber Anthony ist nicht angetan von der Idee. So toll sei das nicht und eigentlich auch kein Red-Hot-Chili-Peppers-Song, aber Rick setzt sich mit der Idee durch – was für ein Glück! »Under the Bridge« sowie das Album *Blood Sugar Sex Magik* steigen durch die Decke, weltweit erreichen sie die Charts und Musikkritiker nennen das Album einen Meilenstein der Rockgeschichte. Mit ihrer Verschmelzung von Hip-Hop, Funk und Punk haben die Red Hot Chili Peppers einen neuen Weg eingeschlagen und sind nun internationale Stars. Das wird Folgen für die Bandchemie haben. Die gute, konzentrierte Atmosphäre in »The Mansion« wird später noch von vielen weiteren Bands genutzt. Im selben Jahr spielen Guns N' Roses ihr Album *November Rain* hier ein, auch andere Bands, mit denen Rick Rubin arbeitet, wie Slipknot, Linkin Park oder System Of A Down nehmen später in »The Mansion« auf. Auch die Red Hot Chili Peppers werden viele Jahre später zurückkehren. Ihre Doppel-LP *Stadium Arcadium* produzieren sie erneut in der Villa – diesmal aber ohne Ausgangsbeschränkungen.

JOHNNY, KICK A HOLE IN THE SKY

145 Konzerte in fast zwei Jahren: Der immense Erfolg von *Blood Sugar Sex Magik* bringt einen Rattenschwanz an Auftritten, Promo-Veranstaltungen und Interviews mit sich. Zum ersten Mal tourt die Band durch die komplette Welt. Fast 100 Shows spielt sie von September 1991 bis Sommer 1993 alleine in den USA. Dazu Dutzende Konzerte in Europa, zum ersten Mal tritt die Band auch in Asien und Australien auf – doch die letzten Etappen wird sie mit einem neuen Gitarristen absolvieren. Denn im Mai 1992, kurz vor ihrem Auftritt in Tokyo, verkündet John für die Band völlig überraschend seinen Austritt. Er möchte nicht mehr, schreit er in seinem Backstage-Raum, er habe Angst, jemand aus dem Publikum wolle ihn umbringen und sowieso sei die Arbeit mit den Red Hot Chili Peppers Gift

für ihn. Die Stimmen in seinem Kopf sind in den vergangenen Monaten immer lauter geworden und befehlen ihm, mit der Band aufzuhören. Lindy Goetz schreit zurück, zumindest heute habe er noch zu funktionieren. Also spielt die Band eine etwa einstündige, grauenvolle Show mit acht Songs und beendet die Zusammenarbeit. Am nächsten Tag setzen sie John in einen Flieger zurück in die USA und das Kapitel John Frusciante, der Gitarrist, der wie geschaffen für dieses Engagement schien, ist beendet. Wie konnte das passieren?

Auch hier hat Heroin eine entscheidende Rolle gespielt. John hatte lange versucht, seine entstandene Abhängigkeit vor der Band zu verheimlichen, aber insbesondere Anthony erkennt die Situation schnell. Trauriger Höhepunkt des Zerwürfnisses ist eine Performance bei *Saturday Night Live*, wo John »Under the Bridge« völlig verhunzt, falsch einsetzt und im Stück die Tonart wechselt. Sein Groll gegen Anthony ist inzwischen so groß, dass er ihn live einfach ignoriert.

Auf Tour sitzt John meistens abseits von allen anderen im hintersten Winkel des Tourbusses, nur seine Freundin, die bandintern Yoko genannt wird, ist ihm nahe. John konsumiert viel Rotwein, kifft und sobald die Luft rein ist, setzt er die Spritze an. Der Gitarrist isoliert sich vom Rest der Bandmitglieder, die fast alle ihre eigenen Probleme haben. Flea ist frisch geschieden, vermisst seine Tochter und eines Nachts kann er nicht mehr schlafen, während die Wände seines Hotelzimmers immer näherkommen. Anthony lebt weiterhin drogenfrei und setzt alles daran, John nicht zu einem neuen Hillel werden zu lassen. Eigentlich, sagt John, habe er schon seit den Aufnahmen zum letzten Album nur noch Flea zuliebe in der Band gespielt.

Die Band ist innerhalb weniger Monate von einer L.A.-bekannten Szeneband zu Weltstars aufgestiegen. Den langen, steinigen Weg als kleine, unbekannte Punkband hat John nicht mitgemacht. Er empfindet die Entwicklung der Band, aber auch die von Anthony als Verrat an seinen musikalischen sowie politischen Idealen. Die Vorbands während ihrer Tourneen heißen Nirvana, Pearl Jam und Smashing Pumpkins. Es sind alles Bands, die die Red Hot Chili Peppers mit ihrer vorigen Arbeit extrem geprägt hatten und die in den kommenden Jahren ebenfalls zu Weltstars aufsteigen werden. Der Druck, der auf den einzelnen Mitgliedern, insbesondere auf dem 22-jährigen John lastet, ist monströs. Der Einzige, dem die Belastungen nichts auszumachen scheinen, ist Chad, der weiterhin eine eher nüchterne, jobmäßigere Einstellung zu seinem Leben als Rockschlagzeuger hat. Die einzige wirkliche Katastrophe, die ihm auf Tour widerfährt, ist, dass er beim Schnorcheln in Australien von einem Hai angegriffen wird, der ein kleines Stück Haut von seinem Arm als Trophäe mitnimmt. Was die Bandmitglieder allerdings alle eint, ist die Tatsache, dass die Band ihnen immer wieder ihr Privatleben zerschießt. Wer so viel auf Tour ist, muss sich ja fast zwangsläufig von seiner Familie entfremden. Das Problem ist in Musikerkreisen durchaus bekannt, ebenso das Verlangen, das ständige emotionale Auf und Ab mit Drogenkonsum zu übertünchen.

Nachdem John sich in die USA abgesetzt hat, glühen die Drähte heiß. Es sind schließlich noch eine Menge Konzerte offen und der Ersatz hat wenig Zeit, eingearbeitet zu werden. Ein Bekannter der Band, Dave Navarro, war gerade bei Jane‘s Addiction ausgestiegen, muss aber absagen, da er anderweitig eingebunden ist. So bekommt Arik Marshall den Job, die Band bis Sommer 1993 live zu begleiten. Die Zusammenarbeit endet nach einem Jahr, die Band angelt sich Jesse Tobias, der für das vielversprechende Engagement sogar seine eigene Band Mother's Tongue verlässt. Doch als Dave Navarro sich doch noch mit einer positiven Botschaft zurückmeldet, ist Jesse nach nur einem Monat wieder raus – und Navarro ist der siebte Gitarrist, der bei den Red Hot Chili Peppers einsteigt. Die Position ist nicht von Glück gesegnet und so wird auch dieses Zwischenspiel nicht für ewig halten. Bei einem derartigen Performancedruck kein Wunder.

Die Band verordnet sich zum ersten Mal eine großangelegte Pause voneinander.

Im Jahr 1993 gab es sechs Shows mit Navarro in der Besetzung, ein Jahr später 14 Shows. Der bärtige, tätowierte Kalifornier, der selten ein T-Shirt trägt, passt eigentlich wie die Faust aufs Auge zur Band, zumindest auf den ersten Blick. Doch bereits in der Anfangszeit bemerken eigentlich alle Beteiligen, dass die Zusammenarbeit nur bedingt funktioniert. Dave kommt eher vom Metal, kann mit Funk nicht viel anfangen und Jamsessions mag er sowieso nicht leiden. Sein Gitarrensound ist vollgepackt mit Effekten, die Einstöpseln-und-Spielen-Methode seiner Vorgänger ist ihm fremd. Auch wenn die Formation immerhin fünf Jahren zusammenhalten wird, so ist eigentlich klar, dass John die Idealbesetzung bleibt. Aber egal: The show must go on.

HIGHER GROUND

Die Jahre 1993 bis 1995 sind keine guten für alle Beteiligten, egal ob innerhalb oder außerhalb der Band. Flea hat sich über die jahrelangen Tourneen ein chronisches Erschöpfungssyndrom zugezogen. Er, der stets durch die Gegend springende, verrückte Bassist, muss zwangspausieren.

John ist frisch aus der Band ausgestiegen, wendet sich nun voll und ganz seiner neuen Karriere als Heroin-Junkie zu und verbringt die Nächte auf dem Dach seines Hauses, vollständig eingepackt mit Skimütze und -brille. So, denkt er, könne niemand mehr zu ihm durchdringen.

Die mit Dave Navarro neu zusammengestellte Band lässt sich für einige Wochen auf Hawaii nieder, um sich einzugrooven und schon ein paar Songs fürs nächste Album zu schreiben. Für Dave geht das aber viel zu schnell. Songwriting ist für ihn ein wohlüberlegter und langwieriger Prozess, mit der Methode der Red Hot Chili Peppers, so lange auf ein paar Akkorden herumzujammen, bis ein Song entsteht, kommt er anfänglich gar nicht zurecht. Und es ist Anthony, der wieder in alte Muster verfällt. Zunächst kommt er zu spät zu den Proben und als er auch keine neuen Texten mehr vorweisen kann, erscheint er gar nicht. Wirklich zugeben wird er es nie, aber es ist anzunehmen, dass er auch in dieser Zeit wieder zu harten Drogen greift. Auch Dave nimmt, trotz dauernder gegenteiliger Bekundungen, im großen Stil Valium, später auch wieder Heroin und Kokain zu sich. Er hatte als Teenager hautnah mitbekommen, wie der damalige Freund seiner Mutter sie mit einem Messer ermordete und danach floh. Genau in dieser Zeit taucht besagter Freund erneut auf der Bildfläche auf und wird vor Gericht gestellt. Diese Bürde lastet schwer auf dem jungen Mann und wirkt sich negativ auf die Albumproduktion aus. Die Rolle ihres Gitarristen scheint verflucht, das zumindest anfänglich so hochgelobte, drogenfreie Leben ist wieder in weite Ferne gerückt. Es sind wie gesagt, traumatische Jahre für die Band, die doch gerade zum ersten Mal den ganz großen Triumph gefeiert hatte.

Am 30. Oktober 1993 spielen die Butthole Surfers ein kleines Konzert im »Viper Room« in Los Angeles. Der Club gehört dem Schauspieler Johnny Depp, der mit der Band und insbesondere John gut befreundet ist. Er, Johnny und Flea hören sich das Konzert an und werden kurz darauf Zeuge, wie ihr gemeinsamer Freund, der Schauspieler River Phoenix, im Club kollabiert, nach draußen getragen wird und im Krankenwagen in die Notaufnahme gefahren werden muss. Der 23-Jährige, der sich zuvor öffentlich gegen Drogenkonsum aller Art ausgesprochen hatte, hat nahezu sämtliche Rauschmittel intus und stirbt noch am selben Abend im Krankenhaus. Bis heute ist nicht final geklärt, wer Phoenix die Drogen gegeben hatte. Nur wenige Monate später, am 5. April 1994, schießt sich Nirvana-Frontmann Kurt Cobain, der die Red Hot Chili Peppers als Vorband begleitet hatte, mit einer abgesägten Schrotflinte in den Kopf. Für John sind diese Ereignisse der Auftakt zu einem nicht enden wollenden Albtraum. Die nächsten Jahre wird er in seinem Haus in den Hollywood Hills verwahrlosen, Drogen nehmen, düstere Bilder malen, die Innenwände seines Hauses mit Graffiti besprühen und sowohl sein Haus als auch seine Gitarrensammlung anzünden. Ein gruseliges Dokument dieser Zeit fertigt Johnny Depp an, der seinen Freund besucht und einen Kurzfilm mit ihm dreht.

Da die Plattenfirma nicht weiß, an wen sie die Schecks schicken soll, bekommt Flea die Beträge zugesandt, doch John weigert sich, diese abzuholen. Jegliches Star-Gehabe lehnt er radikal ab, in seinen Augen bleibt er für den Rest seines Lebens verdorben. Irgendwann geht ihm auch das Geld aus, er lebt ohne festen Wohnsitz vor sich hin. Wenn sie sich doch mal sehen, so ist Flea entsetzt über dessen Zustand. Die Arme sind vernarbt und voller Hämatome, Zähne und Haare beginnen ihm schon auszufallen. Auch die Veröffentlichung seines ersten Soloalbums kann Johns Gesundheitszustand nicht verbessern, im Gegenteil. Der überschaubare Erfolg seines Werkes *Niandra Lades and Usually Just a T-Shirt* bringt ihn zu der Überzeugung, nichts mehr mit Musik zu tun haben zu wollen. In den kommenden drei Jahren wird der Vollblutmusiker keine Gitarre mehr in die Hand nehmen und bleibt unbeirrbar: Er will diesen Weg, den Weg in den Drogentod weitergehen und lässt sich durch nichts davon abbringen. Er und Flea halten sporadisch Kontakt, doch ein Wiedereinstieg scheint ausgeschlossen. Sechs lange Jahre lang reden John und Anthony kein Wort miteinander und wenn sie sich doch mal zufällig irgendwo begegnen, ist die Stimmung angespannt. Die beiden anfänglich so Unzertrennlichen können nichts mehr miteinander anfangen. Als John 1996 eine Überdosis nur knapp überlebt, befehlen ihm plötzlich die Stimmen, mit dem Wahnsinn aufzuhören. Woher der Sinneswandel genau kommt, ist nicht ganz eindeutig. Möglich ist, dass der Grund viel simpler ist: John Frusciante ist pleite, das zuvor angesparte Vermögen aufgebraucht. Du willst nicht sterben, sagen die Stimmen immer wieder, berichtet er in Interviews. Jedenfalls noch nicht. Ein ganzes Jahr lang bleibt John clean, dann wird er wieder rückfällig. Erneut vergeht fast ein ganzes Jahr, bis John bereit ist, einen professionellen Entzug und eine Psychotherapie zu machen. Es sind vergeudete und verlorene Jahre für John. Dass er sie überlebt hat, ist vermutlich nur mit Glück zu erklären – und damit, dass Millionäre in der Regel sauberen Stoff bekommen.

WARPED

Am 7. November 1995 geht Chad mit ein paar Freunden im Park Softball spielen. Softball, das ist, wie der Name schon vermuten lässt, eine etwas sanftere Form des Baseballs, aber das nützt Chad an diesem Tag nicht viel. Das Album *One Hot Minute* war nach vielen Verzögerungen am 11. September erschienen (damals ein unschuldiges Datum), 15 Konzerte hatte man bereits in Europa gespielt und nun sollte die Tour nach einer kurzen Verschnaufpause in der Heimat fortgesetzt werden. Doch etwas kam dazwischen. Etwas ziemlich Großes und Schweres. Genauer: Ein Base- – Pardon – Softballschläger.

Genau in dem Moment, als Chad zum Ball greifen will, hat der Schlagmann, auch Batter genannt, dieselbe Idee und langt einmal kräftig zu. Ein Knacken ist zu hören und Chad ahnt bereits, dass dies kein gutes Geräusch ist. Einen Krankenhausbesuch und ein paar Röntgenstrahlen später ist die Sache klar: Der Arm, wenn auch »nur« der linke, ist durch – zwei Tage vor Tourbeginn. Also Krisensitzung mit der Band. Ob man nicht noch einen Ersatz organisieren könnte? In Anbetracht der extrem kurzen Zeit scheint das ausgeschlossen. Man fragt sogar bei Jack Irons nach, ob der nicht einspringen könne – keine Chance. Und diesen einen Gig, den könne man unmöglich absagen.

Gemeint ist ein Auftritt bei Showmasterlegende David Letterman in New York. Schon aus Promotionsgründen ist das enorm wichtig. Ein Flop für das Album wäre für die Band psychologisch schwierig, erst recht für Dave Navarro. Also entscheiden sie sich mit »Me and My Friends« für einen ihrer langsameren Titel der neuen Platte. Sowas habe er auch noch nicht in der Sendung gehabt, sagt ein erheiterter David Letterman zu Beginn des Auftritts: A drummer with a busted arm ... Chad hebt grinsend den Gips und winkt dem Publikum zu. Da der Song vergleichsweise sanft ist, schafft er es, den kompletten Song zu spielen. Der

Drummer aus der Letterman-Band hatte zuvor noch seine Hilfe angeboten.

Flüssig und fehlerfrei spielen die Red Hot Chili Peppers ihren Gig runter, nun auch mit Background-Gesang und Unterstützung eines Hintergrundgitarristen. Aber schon wieder bricht bei Chad etwas. Diesmal nicht der Arm, sondern einer seiner Sticks, der beim Spielen zu Bruch geht. Vielleicht hat er auch im Eifer des Gefechts etwas zu stark raufgekloppt.

Über sechs Wochen braucht es, bis der Arm wieder zusammengewachsen und die volle Belastung möglich ist. Nach einigen Proben und weihnachtsbedingten Unterbrechungen geht es am 9. Februar 1996 endlich weiter. Wieder in New York, aber nicht live im Fernsehen, sondern im ausverkauften »Madison Square Garden«. Und diesmal geht auch nichts zu Bruch – und wenn, dann war es nichts wirklich Wichtiges.

Trotz mehrerer Millionen verkaufter Platten – die Band hat sich inzwischen einen breiten Status in der Weltöffentlichkeit erspielt –, gilt *One Hot Minute* als eines der schwächsten Alben der Red Hot Chili Peppers. Die Tour 1996 ist mit etwas über 50 Shows vergleichsweise kurz, ein Jahr später müssen sie viele Auftritte aufgrund der Ausfälle von Anthony und Dave Navarro absagen und die Band erlebt, zum ersten Mal seit ihrer Teenager-Zeit, wie ein ganzes Jahr lang mehr oder weniger nichts passiert. Anthony kehrt zwar dank einer weiteren Therapie auf den Pfad der Tugenden zurück, aber Dave ist inzwischen so neben der Spur, dass Flea, Anthony und Chad beschließen, ihn rauszuschmeißen. Allerdings fällt ihnen niemand mehr ein, den sie noch fragen könnten, und allen Beteiligten schwant langsam, dass sich die Red Hot Chili Peppers ohne Gitarristen wohl auflösen müssen. Die Band ist orientierungslos, hat kein Ziel und keine Richtung – bis Flea einen überraschenden Anruf von John erhält. Er wolle einen Entzug machen und weg von den Drogen, sagt er. Ob er ihm da helfen könne?

ROAD TRIPPIN'

Im Frühjahr 1998 setzen sich drei junge Männer in einen Pick-up-Truck und fahren ziellos durchs kalifornische Hinterland. Sie haben Süßigkeiten dabei, Wasser, Proviant und Schlafsäcke und wenn der Abend seine Schatten über die Landschaft legt, setzen sie sich zu dritt ums Feuer, meditieren gemeinsam und freuen sich, füreinander da zu sein. Der eine, Flea, hat erneut eine Trennung zu verarbeiten, der andere, John, ist gerade aus einem langen Entzug zurückgekehrt. Der lange Bart und die noch längeren Haare geben ihm eine fast Jesus-artige Erscheinung. Seine verfaulten Zähne wurden entfernt und durch neue künstliche ersetzt. Und der dritte im Bunde, Anthony, kann kaum glauben, dass er wieder mit seinen besten Freunden unterwegs sein darf. Früher hätte man bei einer solchen Gelegenheit sicher LSD eingepackt, aber diese Zeiten sind für immer vorbei, wie alle Bandmitglieder feierlich beschlossen haben. Nur Chad, der natürlich distanzierte Schlagzeuger, ist lieber zuhause geblieben und wird auch in den kommenden Jahren Alkohol und Kokain nicht völlig abgeneigt sein.

Die Reise der drei verarbeitet Anthony später in seinem Text zu »Road Trippin'«, der später die Platte *Californica-*

tion beschließt. Für mehrere Wochen hat sich die Band in Fleas Garage eingekerkert, jammt bis in die Morgenstunden und sonnt sich in der warmen Frühlingssonne. Fleas ursprüngliche Idee, ein elektronisches Album zu machen und von niemand Geringerem als David Bowie produzieren zu lassen, scheitern letztendlich an der Absage des Briten und so holt sich die Band wieder Rick Rubin dazu, der nun bereits die dritte Platte mit der Band produziert. Der erste Jam der Band ist nicht direkt eine Explosion, eher ein vorsichtiges, fast zärtliches Herantasten. John muss sich wieder an vieles gewöhnen. Er hält wieder eine Gitarre in der Hand und die Ideen sprudeln nur so aus ihm heraus, sodass irgendwann rund 30 Songs bereitliegen, von denen es 15 auf die Platte schaffen. Auf dem Album gehen kurze, harte Songs wie »Right On Time« in sanftere Balladen wie »Scar Tissue« über. *Californication* gilt bis heute als die vermutlich abwechslungsreichste und beste Platte der Red Hot Chili Peppers. Einige der Aufnahmen fanden noch in Fleas Garage statt, die weiteren Takes wurden in den »Cello Studios« durchgeführt. Die Instrumentalteile spielt die Band live zusammen ein, auf Overdubs wird erneut verzichtet. Die Drogenabstinenz wirkt sich positiv auf ihre musikalischen Fähigkeiten aus. Ihr Comeback gelingt.

Die Band hat wenige Erwartungen an die Platte, auch wenn sie mit der Leistung durchaus zufrieden ist. Als *Californication*, eine Verballhornung des amerikanischen Wortes »Fornication« für Unzucht, am 7. Juni 1999 in den Plattenläden landet, steigt sie direkt hoch ein. Platz drei in den Albumcharts, auch die Single »Scar Tissue« erreicht die Top Ten. Trotz teils überschwänglichen Lobes der Musikkritiker gibt es viel Gemecker – und das dreht sich vorwiegend um den Sound. Die gesamte Platte klingt stark übersteuert, ist extrem dicht komprimiert und bekommt dadurch einen leicht schrottigen, garagigen Sound, auch wenn man davon ausgehen kann, dass dies durchaus einkalkuliert war. Die Erklärung liegt vermutlich darin, dass die Musik zwar auf Band aufgenommen wurde, allerdings danach digital abgemischt und gemastert wurde. Durch die Konvertierung entstehen die übersteuerten Sounds, um das Maximum an Lautstärke aus den Originalbändern zu quetschen. Der von vielen Musikkritikern bemängelte »Loudness War« hat nun auch die Red Hot Chili Peppers erreicht. Eine Online-Petition fleht seit vielen Jahren um ein Remastering des Albums, bisher jedoch vergeblich.

Ungeachtet dessen ist die Platte die bis heute kommerziell erfolgreichste, die Band bricht nur wenige Monate später zu einer fast zweijährigen Welttournee auf und erreicht auch während ihrer Live-Shows ein nie dagewesenes Niveau. Die Red Hot Chili Peppers, eine Band, die von vielen, auch sich selbst, schon abgeschrieben war, haben ein beeindruckendes Revival hingelegt und werden weltweit gefeiert – bis die Band im Juli 1999 versehentlich ein Festival in Brand steckt.

FIRE

Als Anthony am 25. Juli 1999 die Bühne zur Zugabe betritt, steht der Weltuntergang bereits kurz bevor. »Oh shit!«, sagt er und blickt in das monströse Rund von mehr als 200 000 Menschen. In den hinteren Reihen haben sich bereits riesige Feuer aufgetan. »It's *Apocalypse Now* out there.« Dass er ausgerechnet den Anti-Vietnamkriegsfilm von Francis Ford Copolla zitiert, passt irgendwie zur Veranstaltung. Woodstock III heißt das Festival, was die Red Hot Chili Peppers am dritten Festivaltag beschließen dürfen, und die Apokalypse ist auch nicht mehr weit. Als Zugabe spielen sie zunächst »Sir Psycho Sexy« und dann – was könnte es Passenderes geben – ein Cover des Jimi Hendrix Songs »Fire«.

Als das Konzert kurze Zeit später vorbei ist, explodiert die Stimmung auf dem Festivalgelände – das ist nicht sprichwörtlich gemeint. Gerüchte hatten bereits die Runde gemacht, dass nun ein Überraschungsact auftreten würde. Prince oder Guns N' Roses? Oder ist es doch Michael Jackson?

Nein, ist es nicht. Stattdessen flimmern nun Archivaufnahmen von Jimi Hendrix über die riesigen Monitore, wie er die Melodie des »Star-Spangled Banner« zersägt – eine kleine, nostalgische Zeitreise in das Woodstock, das 30 Jahre zuvor stattgefunden hat. Doch vom Geist der Hippiezeit ist hier nichts mehr zu spüren. Die Musik hat sich verändert, das Publikum auch und die über Tage angestaute Enttäuschung bricht sich Bahn. In den folgenden Minuten stürmen Fans einen der Soundtürme und kloppen ihn auseinander. Sie zerstören die bunt bemalte Peacewall und schmeißen alles, was sie finden können, in die riesigen Feuer, die auf dem Gelände gezündet wurden. Geldautomaten werden aufgebrochen, die Merchandising-Stände geplündert und einige Butan-Kartuschen gehen mit einem ohrenbetäubenden Knall in die Luft. Die völlig eskalierte Party muss schließlich von der Polizei aufgelöst werden.

Wie konnte es dazu kommen?

Als im Jahr 1969 im Bundesstaat New York ein Stück Popkultur erfunden wird, grenzt es an ein Wunder, dass während der Feierlichkeiten niemand ernsthaft zu Schaden kommt. Die Infrastruktur stößt schon am ersten Festivaltag an ihre Grenzen. Fehlende sanitäre Anlagen, schlechter Sound, dazu großes Pech mit dem Wetter sorgen am Ende für einen massiven Fehlbetrag. 1,3 Millionen US-Dollar sind ausstehend, ein Vielfaches in der heutigen Zeit. Gründer Michael Lang schafft es erst knapp 20 Jahre später, den Betrag endgültig abzustottern - auch nur deshalb, weil er die Marke Woodstock als Tafelsilber verhökert.

Dass Woodstock dennoch als Meilenstein in die Popgeschichte eingehen wird, verdankt das Festival wohl der Kraft des bewegten Bildes. Die Dokumentation über das Festival wird eine der erfolgreichsten Reportagen der Filmgeschichte und zeigt einige der größten Musiker der damaligen Zeit in ihrer künstlerischen Blüte. Wer auch immer auf die Idee kam, denselben Geist 30 Jahre später noch einmal wiederzubeleben, hatte jedoch nur eines im Sinn: Geld. Richtig viel Geld. Ein finanzielles Fiasko wie 1969 sollte den Veranstaltern um Michael Lang nicht noch einmal passieren.

1994 hatte man bereits das 25-jährige Jubiläum zelebriert, die Red Hot Chili Peppers nutzten die riesige Bühne damals, um ihren neuen Gitarristen Dave Navarro vorzustellen. Fünf Jahre später sind die Red Hot Chili Peppers in neuer alter Besetzung zurück. Doch aus dem Hippietraum wird eine spätkapitalistische Dystopie mit Toten, mehreren Verletzten, unzähligen sexuellen Übergriffen und Vergewaltigungen, roher Gewalt und offenem Feuer.

Zurück auf die Bühne, die Flea einfach nackt betritt. Vorher fragt er Anthony, ob dies hier der richtige Rahmen dafür sei, woraufhin dieser antwortet: Wenn, dann wohl hier. Doch auch den Red Hot Chili Peppers fällt die aggressive Stimmung auf dem Konzert schnell auf. Die Leute, die hier die Frauen anfassen, sagt Flea in einer Ansprache ans Publikum, die sollen damit aufhören. Die Brüste seien Privateigentum der Frauen und jeder habe das zu respektieren. Der Applaus ist spärlich. Dann kommt ihre Zugabe – und das Chaos ist perfekt.

Schon einen Tag nach dem Festival ist der Pressesturm enorm. Sowohl Sicherheitskonzept als auch Versorgung stehen in der Kritik – und auch die Band selbst. Warum sie denn ausgerechnet »Fire« habe spielen müssen? Die Erklärung dafür ist simpel. Nach der regulären Show hatte der Stagemanager Anthony noch gefragt, ob er etwas tun könnte, um die Massen zu beruhigen. Die Festival-Feuerwehr traue sich sonst nicht raus in die Menge, um die Feuer zu löschen. Anthony aber hatte bereits Janie Hendrix, der Schwester der Gitarren-Legende, versprochen, einen Song ihres Bruders zu spielen – passend zum geplanten Ausklang des Festivals. Dass nun die Band schuld sein sollte am katastrophalen Ausgang, können die Beteiligten bis heute nicht nachvollziehen.

Schließlich hatten die vielen Hunderttausend im Publikum gute Gründe dafür, sauer zu sein. Die Toiletten, für über 250 000 Menschen ohnehin viel zu wenige, waren schon am ersten Tag nicht mehr zu benutzen. Die Wasserleitungen funktionierten nicht und wurden von durstigen Besuchern angezapft. In der Folge mischte sich das Abwasser mit dem frischen, Tausende suhlten sich in einem Misch aus Wasser, Kotze und Scheiße – der Gestank auf dem Gelände wurde von den Anwesenden als »nicht mehr aushaltbar« beschrieben. Der Müll türmte sich auf dem Gelände, dazu sorgten die Preise an den Essensständen für ungläubige Blicke. Acht Dollar für einen schlechten Burrito, vier Dollar für eine warme Plastikflasche mit Wasser. Die Veranstalter hatten an so ziemlich allem gespart, um den Profit für Woodstock III zu maximieren. Auch die Location war mit einer ehemaligen Militärbase ungünstig gewählt für ein Festival der Liebe, dazu gab es bei Temperaturen um die 40 Grad fast keine Schattenplätze. Nahezu alles auf dem Gelände war mit Geld zu erwerben, Security-Mitarbeiter verkauften ihre Shirts für 400 Dollar weiter, die Preise fürs Essen stiegen im Laufe des Festivals immer weiter an. Wer Menschen behandelt wie Tiere, der darf sich vermutlich nicht wundern, wenn sie sich irgendwann auch wie solche benehmen. In der Netflix-Doku *Trainwrecked* weisen die Veranstalter alle Verantwortung von sich. Was hätten sie denn tun sollen, um zu verhindern, dass stagedivende Frauen begrapscht werden? Als der Interviewer Michael Lang fragt, ob die Marke Woodstock darunter gelitten habe, antwortet der nur: Ja, vielleicht ein bisschen.

Nur wenige Monate nach diesem Interview stirbt Lang im Alter von 77 Jahren.

UNIVERSALLY SPEAKING

Die Tour zu *Californication* will einfach kein Ende finden. Alleine in den USA spielt die Band über 100 Konzerte. Dazu Dutzende Auftritte in Europa, Asien, Australien und Südamerika und auch erstmalig, nach dem Fall des Eisernen Vorhangs, auf dem Roten Platz in Moskau. Die Band, alles Kinder des Kalten Krieges, war noch unsicher, ob sich hier überhaupt irgendjemand für die Musik interessieren würde, bis sie vor mehr als 300 000 begeisterten Russinnen und Russen stehen. Die Band eilt von Rekord zu Rekord, allerdings ohne ihren Manager. Lindy Goetz hat nach vielen Jahren, in denen er die Band über Wasser gehalten hat, den verdienten Ruhestand angetreten. Er ist glücklich, wenigstens noch Johns Rückkehr hautnah miterlebt zu haben. Nach nur wenigen Wochen Pause trifft sich die Band erneut zur Albumproduktion. Auch *By The Way* wird wieder die internationalen Hitlisten anführen, wenn auch viele der altgedienten Fans mit der poppigen Entwicklung nicht sonderlich glücklich sind.

John, der sich weiterhin von den meisten Verlockungen des Tourlebens fernhält, verbringt die Tage mit seiner Akustikgitarre im Hotelzimmer und schreibt wie ein Besessener Songs. Dazu ist er voll und ganz in den Britpop vertieft, der in den letzten Jahren mit Oasis und Radiohead ein großes Comeback gefeiert hat. Aber auch die Beatles und die Beach Boys inspirieren den mittlerweile 30-Jährigen zu immer mehr Songs. Es sind irgendwann so viele, dass er mit dem Material sowohl die nächste LP der Red Hot Chili Peppers als auch seine kommende Soloplatte wird füllen können. Privat sind die monatelangen Tourneen für die kinderlosen Anthony und John weniger belastend, doch insbesondere Flea stört sich daran, dass er seine Tochter zu wenig sieht. Auch Chad, der inzwischen schon das dritte Kind mit der dritten Partnerin in die Welt gesetzt hat, wird immer wieder seinen Pflichten als Familienvater nur bedingt nachkommen. Noch während der Albumproduktion trennt sich Anthonys Freundin überraschend von ihm, auch sie hält die ewigen Beziehungspausen nicht mehr aus.

Anthony trifft diese Entscheidung hart, hatte er sich doch zum ersten Mal in seinem Leben in einer monogamen, festen Partnerschaft wohlgefühlt und sich sogar Kinder vorstellen können. So erklärt sich auch, dass *By The Way* einen deutlich melancholischeren Touch bekommt als sein Vorgänger. Den ursprünglichen Plan, eine reine Punkplatte zu machen, redet ihnen Rick Rubin erfolgreich aus. Doch auch diese Produktion verläuft nicht reibungslos. Flea, der ewige Funkpurist, fühlt sich von John und Rick häufiger übergangen. Die Tour dauert wieder 18 Monate, Höhepunkt ihrer Live-Perfomance ist ihr Konzert im irischen Slane Castle. Die Band ist auf dem Zenit ihrer Live-Perfomances, 80 000 Menschen werden vor malerischer Kulisse durchgeschüttelt. *By The Way* zeigt in besonderer Weise die Weiterentwicklung der Band, insbesondere die musikalischen Fähigkeiten eines John Frusciante. Sein guter Freund und Studiopartner Josh Klinghoffer begleitet die Band nun regelmäßig als Hintergrundgitarrist und Mann fürs Grobe.

Als der Musikjournalist Jeff Apter die Band im Jahr 2003 für ein Interview trifft, um mit ihnen über die von ihm geschriebene Bandbiographie »Fornication« zu sprechen, staunt er nicht schlecht über das Leben, dass die vier Rockstars inzwischen führen. Alle leben konsequent drogenfrei, lediglich Chad raucht noch gelegentlich Zigaretten. John, Flea und Anthony haben sämtlichen Rauschmitteln abgeschworen, feiern dafür nun gesundes Rohkostessen, machen Yoga, meditieren und achten auf regelmäßigen Schlaf. Das Einzige, was Anthony sich noch regelmäßig in die Venen jagt, ist Ozon. Bis heute schwört der Sänger auf seine Ozon-Therapie, die seiner Meinung nach die Adern und sonstige Innereien reinigen soll. Der Erfolg dieser

Therapie ist medizinisch umstritten, aber schädlich ist sie nicht, vor allem nicht im Vergleich zu den Wagenladungen an Heroin und Kokain, die der Sänger früher noch konsumierte.

Die vier Musiker sind erwachsen geworden, haben - bis auf John - die 40 geknackt und dazu nahezu alles ausprobiert, was man als Rockstar so ausprobieren kann. Die letzten Jahre der Band verliefen vergleichsweise ruhig. Auf Albumproduktion folgen jahrelange Tourneen, folgen Albumproduktionen und Tourneen ... Die Band hat ihren Rhythmus gefunden, nahezu alles, was sie anfasst, verwandelt sich zu Gold. Mit der Punkband aus L.A., die die Zeche prellt, weil sie nicht für das Essen bezahlen kann, hat sie nichts mehr zu tun. Die Band widmet sich nun anderen Dingen und stellt sich gerne und häufig für Studioproduktionen zur Verfügung - auch und gerade bei Musikprojekten, die weit von der Musik der Red Hot Chili Peppers entfernt liegen.

NOW I'M LOST

Diese Platte macht wirklich keine gute Laune. Als die Band The Mars Volta am 24. Juni 2003 ihr Debütalbum *De-Loused in the Comatorium* (zu Deutsch etwa: Entlaust im Aufwachraum) vorlegt, sind zwei bekannte Namen auf dem Artwork des Albums: Flea hat für die befreundeten Musiker fast alle Bässe eingespielt und auch John Frusciante steuert bei zwei Songs den Gitarrenpart bei. Bei der Produktion bediente man sich ebenfalls in der Welt der Red Hot Chili Peppers: Rick Rubin übernahm für das Debüt die Hoheit über die Plattenaufnahmen in »The Mansion«.

Warum man für den Job nicht jeden x-beliebigen Musiker fragen konnte, wird einem beim Hören der Platte schnell klar: Die Musik ist extrem kompliziert. Takt- und Tempowechsel reihen sich aneinander, es gibt Ausflüge in den Jazz, alles ist gespickt mit Latin-Beats und viele der Sounds klingen ordentlich disharmonisch. Auch die Story ist nicht unbedingt etwas für schwache Nerven.

Die fiktive Hauptperson Cerpin Taxt liegt alleine in seiner Wohnung, nachdem er einen gescheiterten Suizidversuch mit einer Überdosis Morphin und Rattengift überlebt hat. Die Songtexte sind dystopisch, mystisch und voller schiefer Wortbilder, wie sie einem heftigen Drogentrip eben entspringen: »Exoskeletal junction at the railroad delayed« singt Sänger Cedric Bixler-Zavala, was sich am ehesten mit »Exoskelett-Kreuzung verspätet an der Bahntrasse« übersetzen lässt.

Als der Hauptcharakter nach Wochen aus seinem Drogentrip erwacht, muss er feststellen, dass nicht nur sein Gesicht entstellt ist, sondern auch sein Körper halbseitig gelähmt. Cerpin Taxt gibt sich einen letzten Schuss, bevor er seinem Leben mit einem Sprung von der Eisenbahnbrücke endgültig ein Ende setzt.

Doch wie kam diese Kooperation überhaupt zustande? At the Drive-In, die Vorgängerband von The Mars Volta, hatte sich 2001 aufgelöst, nachdem man bereits einige Male als Vorband der Red Hot Chili Peppers getourt war. Die übrigen Mitglieder der Band formierten sich entweder in The Mars Volta oder Sparta – so auch überraschend die Bassistin, die eigentlich bereits fest zugesagt hatte, am

Debütalbum mitzuarbeiten. Da die Läufe und Wendungen der Musik nicht gerade simpel sind, entschloss man sich, Flea zu fragen, ob der sich zutrauen würde, die Songs schnell innerhalb von drei Tagen aufzunehmen. Der sagte sofort begeistert zu und meisterte die Studiosessions mit Bravour.

Das Album schlägt derweil voll ein, landet international in zahlreichen »Album des Jahres«-Listen und gilt unter Musikkritikern als Meilenstein des Progressive Rock der Nullerjahre. Doch dann, kurz vor der Veröffentlichung des Albums, ein weiterer Schicksalsschlag für die Band: Jeremy Ward, der dem Album mit seinen Soundeffekten und Verfremdungen seinen schaurigen Anstrich gegeben hatte, stirbt völlig unerwartet an einer Überdosis Heroin. Sänger Cedric Bixler-Zavala und Gitarrist Omar Rodríguez-López beschließen daraufhin, von Drogen die Finger zu lassen. Das kommt einem doch irgendwie bekannt vor.

STADIUM ARCADIUM

Kann man seinen Erfolg noch einmal steigern? Kann man den unzähligen Hits, die die Red Hot Chili Peppers bisher hervorgebracht haben, noch einige hinzufügen? Ja, kann man. Als die Band am 5. Mai 2006 ihre Doppel-LP *Stadium Arcadium* herausbringt, bricht sie mal wieder sämtliche Rekorde. Zum ersten Mal steigt eine Platte direkt auf Platz eins der US-Charts ein, auch die Singles »Dani California« und »Snow (Hey Oh)« werden große Erfolge und prägen eine ganze Epoche.

Für die Sessions hat man sich wieder mit Rick Rubin in seinem Geisterhaus in den Hollywood Hills verabredet, wenn auch diesmal ohne mönchsmäßige Klausur. John, der sich schon das letzte Mal von der paranormalen Präsenz nicht gestört gefühlt hatte, meint sogar, die höheren Wesen würden kontrollieren, was er tue, und erklärt sich so die hohe Qualität der Songs. Seine Gitarrensoli für die Platte entstehen vollständig, bis auf »Dani California«, aus der Improvisation heraus. Was auch immer in diesem Haus von März bis Dezember 2005 vor sich geht – es funktioniert. Die Aufnahmen laufen so harmonisch ab wie noch nie und der Plan, eine kurze Platte mit vielleicht um die zwölf Songs aufzunehmen, geht völlig schief. Johns Songwriting hat sich in den letzten Jahren erneut weiterentwickelt und diesmal schafft er es auch, Fleas Wünschen nach mehr Funk zu entsprechen. Doch anstatt einzelne Pop- und Funksongs zu schreiben, gelingt es ihnen nun, beide Stile miteinander zu verweben. Auf die funkigen Strophen wie in »Charlie« oder »Hump de Bump« folgen eingängige, melodielastige Refrains. Wie schon knapp 15 Jahre zuvor bei *Blood Sugar Sex Magik* schraubt man Funk mit einem anderen Genre zusammen – diesmal nicht mit Punk, sondern mit Pop. Nach diesem Schema entstehen knapp 40 Songs, von denen es 28 auf die Platte schaffen, die weiteren werden als B-Seiten verwurstet. Die Band gestattet sich zahlreiche Overdubs und verschiedenste Experimente – heraus kommt das mit Abstand vielseitigste Album der Band.

Die Tour wird, auch aufgrund der negativen Erfahrungen der letzten Jahre, leicht eingedampft. Statt der 18 Monate ist die Band etwas mehr als zwölf unterwegs, spielt weit über 100 Konzerte und stößt erneut an ihre persönliche

Belastungsgrenze. Anthony hat chronische Schmerzen in den Füßen, die sich als Knochenbrüche entpuppen. Gegen den Rat seines Arztes zieht er die Tour aber weiter durch. Dazu entsteht inzwischen live das Problem, dass die Band mittlerweile so viele Hits hat, dass es nahezu unmöglich geworden ist, allen Wünschen der Konzertbesucher gerecht zu werden. Die neue Platte will schließlich gespielt und ausprobiert werden, dazu das Best Of der Vorgänger, ein bisschen was von *Blood Sugar Sex Magik,* dessen Track »Give It Away« bis heute ein beliebter Rausschmeißer ist. Im Juli 2007 spielt die Band einen recht kurzen Auftritt auf dem von Al Gore einberufenen World Day im »Wembley Stadium«. Die Band fliegt extra noch am selben Tag per Privatjet aus Paris ein, macht einen Zwischenhalt in Dänemark und düst direkt danach zurück in die Vereinigten Staaten – um bei einer Veranstaltung zu spielen, die auf die Gefahren des Klimawandels aufmerksam machen möchte. Im Nachhinein werden sie zugeben, dass dieser Auftritt, erst recht unter diesem Motto, überflüssig war. Nach einem ereignisreichen Jahr sehnen alle dem Tourende entgegen: Anthony wird im Oktober desselben Jahres zum ersten Mal Vater eines Sohnes. Die Vaterschaft entsteht aus seiner Beziehung mit der damals erst 18-jährigen Heather Christie, die schon ein Jahr später wieder zerbrechen wird. Außerdem ist die Band, trotz guter Stimmung und viel Liebe und Respekt für jedes einzelne Mitglied, nach den vielen Jahren im Studio oder auf Tour ausgebrannt und verordnet sich eine Pause auf unbestimmte Zeit. Nebenprojekte gibt es reichlich. John wendet sich vermehrt seiner Solokarriere zu und produziert jetzt elektronische Musik. Vor allem Flea hat sich neben seiner Hauptband ein beachtliches Imperium aufgebaut. Seine Bassfirma Fleabass baut eigene, vom Gründer designte Vier- und Fünfsaiterbässe, die stark an die Bauart der von ihm geliebten Marke Music Man erinnern. Schon 2001 gründet er das Silverlake Conservatory of Music, in dem Kinder aus einkommensschwachen Haushalten Musikunterricht bekommen. Und im Oktober 2005 wird er zum zweiten Mal Vater, auch wenn die Beziehung zu seiner Freundin ebenfalls nicht lange halten wird.

Im Sommer 2009, zwei Jahre nach Tourende und drei Jahre nach Erscheinen von *Stadium Arcadium*, beschließt John, ein weiteres Mal aus der Band auszusteigen. Er habe keine Lust auf diesen nicht enden wollenden Tourbetrieb, erklärt er. Die musikalischen Möglichkeiten zum Experimentieren sieht er bei den Red Hot Chili Peppers nicht mehr gegeben, dazu falle es ihm schwer, mit vollem Herzen bei der Sache zu bleiben, wenn er jeden Abend aufs Neue die alten Kamellen spielen muss. Damit der Übergang diesmal sanfter abläuft, schlägt John seinen Nachfolger direkt vor. Josh Klinghoffer, ihr Background-Gitarrist, soll aus der zweiten Reihe aufrücken und die Lücke schließen, die John hinterlässt. Die Band wartet noch eine Weile, bis sie die Umbesetzung offiziell verkündet. Auch wenn man sich fragen mag, was die Band denn noch alles erreichen will: Anthony, Flea und Chad wollen auf jeden Fall weitermachen. Da man Josh bereits gut kennt und schätzt, wird der Vorschlag angenommen und Klinghoffer der insgesamt bereits achte Gitarrist der Red Hot Chili Peppers.

FACTORY OF FAITH

Am 14. April 2012 stehen die Red Hot Chili Peppers im »Public Auditorium« in Cleveland, Ohio und bekommen - mal wieder - eine Auszeichnung. Diesmal allerdings ist es kein Grammy, keine Goldene Schalplatte oder ein MTV Award. Es ist die möglicherweise höchste Auszeichnung, die ein lebender Musiker erhalten kann: Sie werden in die Rock and Roll Hall of Fame aufgenommen. Alle Bandmitglieder sind, mit Ausnahme Josh Klinghoffers, nun um die 50 Jahre alt und man könnte annehmen, dass es keine Auszeichnung mehr geben könnte, die sie noch nicht bekommen haben. Um der Bedeutung des Events gerecht zu werden, hat man nahezu alle ehemaligen Bandmitglieder eingeladen. Cliff Martinez darf ein paar Takte sprechen, genauso wie sein Vorgänger (und Nachfolger) Jack Irons. James Slovak erinnert an seinen verstorbenen Bruder Hillel und Flea sagt mit Tränen in den Augen, er wäre mit Sicherheit stolz auf seine Band, die er damals gegründet hat. Er liebe es, Musik zu machen, am liebsten eben mit seinen Jungs hier auf der Bühne. Einige Namen aber fehlen an diesem Abend: Jack Sherman, der im ersten Jahr Hillel ersetzen sollte, wurde nicht eingeladen. Und John Frusciante ist der Einladung trotz ausdrücklichen Wunsches der Band nicht gefolgt.

Die Band ist aktuell wieder auf Tour und hat, um die Belastungsgrenze nicht sofort wieder zu erreichen, ein neues Konzept entwickelt. Für maximal einen Monat geht es auf Tour, dann gibt es zehn Tage Pause. Das ist zwar kostenintensiv und führt zu noch mehr Flügen und Jetlags, aber wenigstens können die Bandmitglieder ab und zu ihre Familien wiedersehen. Ihr Platte *I'm With You* ist vor einem Jahr erschienen: wieder ein Verkaufsgarant, wieder Spitzenpositionen in den Charts und auch der Weggang ihres Songschreibergenies John scheint die Band gut kompensiert zu haben. Das Vorgehen hat die Band nicht grundlegend geändert, lediglich die Kompetenzen haben sich etwas verschoben. Flea hat die vergangenen Jahre Bandpause dafür genutzt, erneut die Schulbank zu drücken und an der University of California Musiktheorie zu studieren, um sich, wie er sagt, nicht mehr ständig auf sein Gefühl verlassen zu müssen. Die Zusammenarbeit mit dem eher stillen und introvertierten Josh klappt hervorragend. Nicht nur beherrscht er den von John und Hillel vorgegebenen Stil perfekt, auch lässt er den übrigen Bandmitgliedern genug Raum für ihre eigenen Ideen. Und als sich, auch nach wochenlanger Arbeit, immer noch kein Albumtitel finden lässt, schiebt er Anthony eines Tages einen Zettel zu, auf den er die Worte *I'm With You* gekritzelt hat. Der Vorschlag wird angenommen. Trotz der guten Zusammenarbeit regt sich in Fankreisen leichter Widerstand gegen die Umbesetzung, trauert man doch dem Jahrhunderttalent John weiter sehnsüchtig hinterher.

Auf der Bühne in Ohio unterdessen kommt es nun zur großangelegten Fusion. Nachdem alle Reden gehalten sind, fahren zwei zusätzliche Schlagzeugsets auf die Bühne. Cliff Martinez und Jack Irons dürfen Hauptschlagzeuger Chad bei »Give It Away« unterstützen, auch wenn der Sound insgesamt durch das zusätzliche Gewummer eher leidet. Auch beim Rausschmeißer »Higher Ground« kommt Verstärkung dazu. Slash betritt mit goldener Gitarre die Bühne, dicht gefolgt von Ronnie Wood von den Rolling Stones.

Auch Billie Joe Armstrong von Green Day darf mitmachen und klampft auf seiner Akustikgitarre herum, auch wenn davon im Mix fast nichts zu hören ist. Das Ganze ist wohl eher eine nette Showeinlage als eine wirkliche künstlerische Erweiterung. Der Sound scheppert gewaltig, die vielen Musiker nehmen sich gegenseitig den Platz weg und alles ertrinkt in ohrenbetäubendem Lärm. Der Höhepunkt der Bandgeschichte scheint erreicht. Alle haben sich lieb und spielen zusammen auf derselben Bühne. Man könnte meinen, das sei's gewesen – weit gefehlt. Der Rock'n'Roll-Train wird weiterlaufen.

WE TURN RED

Alles sollte diesmal anders werden. Rick Rubin, der Mann, der den Peppers-Sound formte und konservierte, würde das Nachsehen haben, als sich die Band im Jahr 2014, nur wenige Monate nach Ende ihrer Welttournee, zum Songwriting trifft. Unter anderem, weil sich Josh und der Produzent nicht sonderlich gut verstanden haben, aber auch, weil man nach 25 Jahren und insgesamt sechs Alben doch noch einmal etwas anderes probieren will, entscheidet man sich dafür, die neue LP mit jemand anderem zu produzieren. Also fragen sie Brian Joseph Burton an, besser bekannt unter seinem Künstlernamen DJ Danger Mouse, ob der sich das vorstellen könnte. Danger Mouse kommt musikalisch aus einer anderen, wenn auch nicht konträren musikalischen Ecke. Seine Zusammenarbeit mit Rappern wie Jay-Z und insbesondere die Produktion der Gorillaz-LP

Demon Days machen ihn für die Band interessant und als sie ihm Ende 2014 ihre Demos zeigen, ist Danger Mouse sehr angetan. Also verabschieden sich alle und fahren in den Urlaub. Flea und Anthony gönnen sich einen mehrwöchigen Skiurlaub, fast also wie damals, als sie jede Nacht zum Schlafen in eine Wäscherei einbrachen – nur dass sie sich diesmal anständige Hotels leisten können und ihre Familien dabeihaben. Als Flea gerade mit etwa 50 km/h auf seinem Snowboard die Piste herunterdüst, rutscht er plötzlich weg, fliegt einige Meter durch die Gegend und prallt hart auf dem Boden auf.

Es ist ein Worst-Case-Szenario für einen Musiker: Fleas Arm ist durch, mehrfach gebrochen, sogar einige Stücke vom Knochen sind beim Aufprall herausgeschossen. Die gesamte Albumproduktion wird verschoben, die Sessions gecancelt. Chad war dasselbe zehn Jahre vorher ebenfalls einmal passiert (siehe Kapitel »Warped«), doch handelte es sich in seinem Fall um einen relativ einfachen Bruch, der gut zu behandeln war. Als sich Flea kurz nach dem Unfall wieder den Bass umhängt, spielt er genau eine Note, als ihm auch schon ein stechender Schmerz durch den gesamten Körper schießt und so lässt er das Ganze lieber erstmal sein. Sechs Monate lang quält sich der sonst stets gut gelaunte Bassist durch Physiotherapie und Reha, bis wieder alles da sitzt, wo es hingehört und er wieder mit voller Kraft auf seinen Bass einschlagen kann. Es sind dunkle Monate der Ungewissheit, in denen er sich zu fragen beginnt, ob er das alles eigentlich wirklich noch möchte. Diese Fragen werden ihn bei der anstehenden Tour noch länger beschäftigen.

Als sich die Band im September 2015 wieder im Studio trifft, macht DJ Danger Mouse einen radikalen Vorschlag.

Sie sollen doch einfach nochmal neue Songs schreiben, die alten Demos würden sich nach der langen Pause nicht mehr richtig anfühlen. Die Band stimmt zu – und produziert letzten Endes mit *The Getaway* eines der unter Fans umstrittensten Alben der gesamten Bandgeschichte. Funkeinflüsse fehlen fast vollständig, die Musik klingt wieder sehr poppig und, laut Meinung einiger Kritiker, weichgespült. Das kompositorische Element eines John Frusciante wird schmerzlich vermisst, der synthetische Gitarrensound von Josh wird negativ kommentiert. Auch die Band selber ist nur mittelmäßig zufrieden mit dem Ergebnis. Die Tour zieht sich erneut über fast zwei Jahre, 143 Shows legen die Red Hot Chili Peppers hin und in Flea macht sich ein zunehmendes Gefühl der Lethargie breit. Schon vier Jahre zuvor hat er eine experimentelle Jazzplatte aufgenommen, andere Projekte erscheinen ihm reizvoller, wie er eines Tages den Bandkollegen mitteilt. Man einigt sich auf ein »Agree to Disagree« und macht wieder eine lange Pause. Fast zwei Jahre lang steht die Band erneut auf der Kippe – bis es zu einer unverhofften Rückkehr kommt.

RETURN OF THE DREAM CANTEEN

Die Nachricht kommt überraschend und ganz dem Zeitgeist entsprechend über Instagram: John Frusciante ist zurück! Am 15. Dezember 2019, also exakt zehn Jahre nach seinem Abschied, ist der Gitarrist wieder in seiner alten, neuen Lieblingsband eingestiegen. Josh Klinghoffer, der trotz seiner Fähigkeiten, die Stile von John und Hillel perfekt zu imitieren, bei den Fans einen schweren Stand hatte, ist wieder raus, allerdings ohne böses Blut. Es sei Johns Bestimmung, in dieser Band zu spielen, sagt Josh, und er mache gerne für seinen guten Freund Platz.

Zum Jahreswechsel trifft sich die Band erstmalig wieder zum Proben und spielt einige ihrer alten Stücke. Die Energie ist sofort zurück und Rick Rubin, der wieder die Regie über ihre kommenden Aufnahmen führen soll, hat Tränen in den Augen, als er die Band zusammen spielen hört.

Am 8. Februar 2020, 13 Jahre nach ihrer letzten gemeinsamen Performance im »Wembley Stadium« in London tritt die Band wieder in ihrer alten Besetzung auf, bei einer Benefizveranstaltung der Tony Hawk Foundation. Für den Mai sind bereits einige Festivals gebucht, auch die Albumproduktion wird für das Frühjahr angesetzt – bis ein neuartiges Virus die gesamte Welt auf einmal stillstehen lässt. Die ungewollte Unterbrechung nutzt John für das Schreiben neuer Songs. In den vergangenen Jahren hat er mehrere Soloalben veröffentlicht, vorwiegend mit Pop- oder Elektro-Touch. Ob er überhaupt noch Songs für die Red Hot Chili Pepper schreiben kann, fragt er sich – zu Unrecht. Als sich die Band schließlich in den »Shangri-La Studios« in Malibu trifft, liegen knapp 100 Songs bereit, von denen die Band 50 aufnimmt. Der Berg an gutem Material sorgt für Kopfzerbrechen: Wie soll man dieser Fülle an Songs gerecht werden? Der erste Plan, ein einziges Album über sieben Discs zu verteilen, gefällt Warner Music nur bedingt, weshalb man sich auf einen Kompromiss einigt: Man könnte doch einfach zwei Alben hintereinander veröffentlichen.

So kommt es auch. Als am 1. April 2022 *Unlimited Love* mit der Hitsingle »Black Summer« veröffentlicht wird, ist die Nachfrage gewaltig: Die Platte steigt direkt auf Platz eins ein. Dieses Kunststück war der Band bisher nur mit *Stadium Arcadium* gelungen. Auch der Zwilling *Return of the Dream Canteen* erreicht immerhin die Top Three. Die geplante Tour – zum ersten Mal seit Menschengedenken spielen die Red Hot Chili Peppers lediglich rund 40 Konzerte in den USA und Europa – ist schlagartig ausverkauft.

Wie es nun weitergeht? Dazu macht die Band nur vage Angaben. Die für ihre Verhältnisse wahnsinnig kurze Tour lässt erahnen, dass mindestens John keine große Lust hat, nochmal in dieselbe Tretmühle hineinzugeraten, die ihn schon zehn Jahre zuvor hat aussteigen lassen.

Man kann sich zurecht fragen, was die Band denn nun noch erreichen will. Sie sind schon zu Lebzeiten Legenden geworden, haben dazu so unfassbar viele Konzerte gespielt, Hits gehabt, das Leben in vollen Zügen ausgekostet und müssen dazu alle miteinander sehr glücklich sein, die wilden Jahre des krankhaften Drogenexzesses überlebt zu haben. Insbesondere Anthony ist dem Tod wiederholt von der Schippe gesprungen, doch hat er anscheinend gute Gene. Sein Vater Blackie Dammet stirbt am 12. Mai 2021 mit 81 Jahren – auch bei seinem Lebensstil ein kleines medizinisches Wunder. Chad Smith hat vier Kinder, um die er sich kümmern kann. Fleas Leidenschaft für die Schauspielerei (unter anderem spielt er in der *Star-Wars*-Serie *Obi-Wan Kenobi* eine kleine Nebenrolle als Kopfgeldjäger) ist mit den Jahren stetig gewachsen – und auch er wird noch in diesem Jahr zum dritten Mal Vater. Außer John haben alle Bandmitglieder inzwischen die 60 überschritten. Wollen sie tatsächlich den Rolling Stones nacheifern und noch im Rentenalter auf der Bühne stehen, während ihnen Teile der Band bereits wegsterben? Was, außer dem Gefühl, den vielen Fans etwas zu schenken, soll jemanden wie die Red Hot Chili Peppers noch antreiben? Die Band, die stets unpolitisch daherkam und eher mit sinnentleerten Hippiesprüchen auffiel, zeigt sich von den jüngsten Entwicklungen in den USA entsetzt, hat früher schon Barack Obama unterstützt, um sich später für eine Präsidentschaft von Bernie Sanders auszusprechen. Sie hatten Gastauftritte bei den *Simpsons* und bei *Family Guy*, sie haben ihren Stern auf dem Walk of Fame und könnten sich eigentlich gepflegt zur Ruhe setzen. Doch das Problem mit alternden Rockstars ist eben, dass sie meistens nur eine Sache in ihrem Leben wirklich gelernt haben: Konzerte zu spielen, das Publikum zu unterhalten und Menschen wenigstens für eineinhalb Stunden all ihre Sorgen vergessen zu machen. Das Gefühl, in ein volles Stadion einzulaufen, ist mit einem Drogenrausch durchaus vergleichbar, der auch nach vielen Jahren und Hunderten Konzerten nicht ganz nachlässt. In all den Jahren war die Band die einzige Konstante in ihrem Leben. Gut möglich also, dass die Red Hot Chili Peppers weitermachen werden – einfach weil sie sonst nichts anderes mit ihrer Zeit anzufangen wissen.

NACHWORT – FAKE AS FU@K

Ich hasse Dudelsäcke. Diese Erkenntnis trifft mich wie ein Schlag und als sie sich allmählich in meinem Kleinhirn niederlässt, ist es auch schon zu spät.

Aber der Reihe nach.

Ich sitze im »Huxleys Neue Welt«, ein Konzertsaal in Berlin-Neukölln, und vor mir auf der Bühne hat sich eine Band aufgebaut. Gitarre, Bass, Schlagzeug, Keyboard – nichts Ungewöhnliches, bis auf die Tatsache, dass die Bandmitglieder alle Schottenröcke tragen. Auch im Publikum ist dieses Kleidungsstück häufiger als gewöhnlich anzutreffen, aber egal. Wir sind schließlich in Berlin und hier kann jeder machen, was er will. Noch während sich dieser Gedanke in meinem Kopf bildet, treten drei Männer mit Dudelsäcken auf und tröten aus allen Rohren. Vielleicht, denke ich, hat meine Toleranz doch Grenzen.

Es hätte alles so schön sein können.

Drei Monate zuvor, im Juli 2022 war die Welt noch in Ordnung. Über ebay Kleinanzeigen hatte ich mir ein Ticket für die Red Hot Chili Peppers geholt. Nur zwei Deutschlandkonzerte waren im Tourplan vorgesehen, eines in Köln und eines in Hamburg. Aber leider hab ich die Rechnung ohne die Deutsche Post gemacht. Von Corona-Nachwehen und Personalmangel geschüttelt, erreicht das Ticket mich nicht mehr rechtzeitig. Aber Glück im Unglück: Weil die Deutsche Bahn vor ähnlichen Problemen steht, fällt mein ICE nach Köln ersatzlos aus und ich bekomme immerhin die Fahrt erstattet.

Also muss ich mich wohl mit der zweiten Klasse begnügen.

Ob er nicht Lust hätte, schreibe ich einem Kumpel, sich mit mir die Red Hot Chili Pipers im »Huxleys« reinzuziehen. Klar, antwortet der. Voll cool, dass die in so einer kleinen Location spielen. Ich bitte ihn, die Nachricht nochmal Buchstabe für Buchstabe zu lesen, bevor die Enttäuschung am Konzertabend dann zu groß ist. Ein paar Lachsmileys später sagt der Freund dankend ab und so schaue ich mir den Schottenzirkus eben alleine an.

Mehrere Wochen Recherche liegen nun hinter mir. Im Frühjahr habe ich ein Buch geschrieben über Die Ärzte, nun im Herbst der Wechsel zu einer völlig anderen Band. Einige der Mitglieder sind mir in der Zeit sehr sympathisch geworden (Flea), andere eher nicht so (Anthony). Seine Biografie zu lesen, war nicht immer ein Vergnügen und ist mit über 500 Seiten auch eher eine nicht enden wollende Aneinanderreihung von sexuellen Abenteuern. Fleas Biografie mit dem schönen Titel *Acid for the Children* endet genau an der Stelle, an der sich die Red Hot Chili Peppers gründen und hat durchaus auch seine Berechtigung als literarisches Werk. Im Gegensatz zu Die Ärzte haben die Red Hot Chili Peppers ihr Privatleben voll und ganz in der Öffentlichkeit ausgebreitet. Auch der ewige Drogenexzess ist nicht unbedingt etwas, was ich mir für mein Leben wünsche. Ob die Red Hot Chili Peppers mit diesem Leben wohl mehr Menschen zum Konsum harter Drogen inspiriert als abgeschreckt haben? Dass Anthony die jahrelangen Drogenpartys überlebt hat, grenzt an ein Wunder – und die Tatsache, dass er mit seiner Musik Multimillionär wurde, kann schnell davon ablenken, dass vermutlich jeder andere Mensch mit einem derartig selbstzerstörerischen Verhalten in der Gosse gelandet wäre.

Musikalisch sind die Red Hot Chili Peppers eine der besten Bands der Welt, mit teilweise einzigartigen Fähigkeiten an ihren Instrumenten. Ihre Konzerte sind mit durchschnittlich 1,5 Stunden vergleichsweise kurz, nicht immer hat die Band auch wirklich Lust, jeden Abend ihr Bestes zu geben – was auch nicht verwundert, wenn man auf Tour über 100 Konzerte im Jahr absolviert.

Die Red Hot Chili Peppers waren Zeit ihres Bestehens eine Marke. Die häufigen Wechsel der Gitarristen kamen dadurch zustande, dass die Personen nicht in die gewünschte Rolle gepasst haben. Am härtesten wird dieses Schicksal wohl Jack Sherman getroffen haben. Der Stil eines Hillel Slovak war zur damaligen Zeit einzigartig. Flea und Anthony wussten, dass sie etwas völlig Neues kreiert hatten und so zogen sie mit ihrem Bandkonzept jahrelang durch die Gegend, um daraus ein Geschäft zu machen. Das haben sie geschafft – wäre nun nicht also ein guter Zeitpunkt, es endlich gut sein zu lassen? Die Red Hot Chili Peppers sind in ihrer ganzen Art noch der alten Schule verhaftet, nehmen stoisch auf Tonband und nicht digital auf. Die Welt ist heute eine andere, auch Drogen zu nehmen ist Teil der städtischen Alltagskultur geworden. Niemand muss sich heutzutage mehr unter schäbigen Brücken verabreden. Kokstaxis liefern die gewünschte Ware in wenigen Minuten vor die Haustür, technisches Know-how ist dafür nicht notwendig. Und es ist vielleicht auch den Erfahrungen eines Anthony Kiedis zu verdanken, dass Heroin heutzutage weitestgehend geächtet ist und auf den Shoppinglisten der meisten Drogendealer heute nicht mehr auftaucht. Die Frage ist nur: Sind die Red Hot Chili Peppers vielleicht auch deshalb so genial gewesen, weil sie jahrelang diese extremen, bewusstseinserweiternden Grenzerfahrungen gemacht haben?

Um meinen Göttern zumindest ein bisschen näher zu sein, pflanze ich mich in den Wochen des Schreibens jeden Abend vor den Fernseher und schaue mir alle Live-Mitschnitte ihrer Shows an, die sich bei YouTube finden lassen. Ihr erster Auftritt in Deutschland von 1985 klingt noch ziemlich chaotisch, die Show mit einem unfassbar jung aussehenden John Frusciante auf dem Pinkpop-Festival 1990 hat leider eine schlechte Tonqualität. Ebenfalls nicht so berauschend ist ihr Auftritt auf Woodstock 1994, wo Dave Navarro das ungnädige Los zieht, den genialen John ersetzen zu müssen. Wirklich auf dem Zenit aber war die Band in den Jahren von Johns Rückkehr, vermutlich auch aufgrund der nun gelebten Drogenabstinenz: Die Shows bei Woodstock 1999 und in Slane Castle 2003 sind mit das Beste, was ich je gesehen habe, und ich ärgere mich extrem, damals noch zu jung gewesen zu sein, um auf Konzerte gehen zu dürfen. Deutlich ruhiger geht es dagegen bei ihren Shows mit Josh Klinghoffer zu, auch wenn das dem Gitarristen wirklich nicht anzulasten ist.

Am 17. Oktober 2022 tritt die Band in Austin auf, als letzte Station auf ihrer Tour durch Nordamerika und ist endlich wieder mit John vereint. Ich aber bin extrem enttäuscht von der lustlosen Performance. Insbesondere Anthony läuft nicht mehr rund. Der Frontmann, der ohnehin schon dafür bekannt ist, immer mal wieder ganz schön schief zu singen, kriegt einige der hohen Töne gar nicht mehr und bleibt dazu statisch auf der Stelle stehen. Ist er, der ewig jung und dynamisch wirkende Frontmann, vielleicht wirklich alt geworden? Er hatte es schon immer schwer, als einziger Nichtinstrumentalist zwischen diesen genialen Musikern zu bestehen. Wenn jemand unter dem körperlichen Verfall im Alter leiden wird, dann ein Anthony Kiedis und vermutlich wäre er ein Kandidat für langsames und unschön anzuschauendes Dahinsiechen in der Öffentlichkeit. Sollte eine Band, die sich ihre Adoleszenz, ihren Sexappeal und ihre wilde Ekstase auf die nackte Brust geschrieben hat, sich wirklich noch im hohen Alter der Illusion hingeben, alles sei wie früher?

Nein, wenn nach 40 Konzerten bereits die Luft raus ist, dann sollte die Band es lassen. Erlöst euch doch endlich von eurer Bürde, für die Welt da sein zu wollen! Musik kann man auf so vielen unterschiedlichen Weisen miteinander machen, niemand muss mit 60 noch in Arenen auftreten und zum tausendsten Mal »Give It Away« spielen. Ihr habt euren Tribut gezollt, mehr als das. Ihr habt unglaublich viele gute Songs geschrieben, Millionen, vielleicht sogar Milliarden von Menschen glücklich gemacht. Es ist an der Zeit, zu gehen und für die nächste Generation Platz zu machen. Und es sei euch gegönnt. Aber vielleicht doch erst, nachdem ich euch noch einmal live gesehen hab.

QUELLEN

Get on Top

Apter, Jeff: *Fornication. The Red Hot Chili Peppers Story,* London 2004.
Kiedis, Anthony mit Sloman, Larry: *Scar Tissue. Der Sänger der Red Hot Chili Peppers – Die Autobiographie,* Köln 2005.
Flea: *Acid for the Children. A Memoir,* London 2019.
Mullen, Brendan: *Red Hot Chili Peppers,* München 2011.

Especially in Michigan

Apter, Jeff: *Fornication. The Red Hot Chili Peppers Story,* London 2004.
Kiedis, Anthony mit Sloman, Larry: *Scar Tissue. Der Sänger der Red Hot Chili Peppers – Die Autobiographie,* Köln 2005.

I Like Dirt

Apter, Jeff: *Fornication. The Red Hot Chili Peppers Story,* London 2004.
Flea: *Acid for the Children. A Memoir,* London 2019.

Animal Bar

Apter, Jeff: *Fornication. The Red Hot Chili Peppers Story,* London 2004.
Kiedis, Anthony mit Sloman, Larry: *Scar Tissue. Der Sänger der Red Hot Chili Peppers – Die Autobiographie,* Köln 2005.

Skinny, sweaty Man

Apter, Jeff: *Fornication. The Red Hot Chili Peppers Story,* London 2004.
Kiedis, Anthony mit Sloman, Larry: *Scar Tissue. Der Sänger der Red Hot Chili Peppers – Die Autobiographie,* Köln 2005.
Flea: *Acid for the Children. A Memoir,* London 2019.
Mullen, Brendan: *Red Hot Chili Peppers,* München 2011.

Otherside

Kiedis, Anthony mit Sloman, Larry: *Scar Tissue. Der Sänger der Red Hot Chili Peppers – Die Autobiographie,* Köln 2005.

Out in L.A.

Apter, Jeff: *Fornication. The Red Hot Chili Peppers Story*, London 2004.
Kiedis, Anthony mit Sloman, Larry: *Scar Tissue. Der Sänger der Red Hot Chili Peppers – Die Autobiographie*, Köln 2005.
Flea: *Acid for the Children. A Memoir*, London 2019.

Police Helicopter

Apter, Jeff: *Fornication. The Red Hot Chili Peppers Story*, London 2004.
Kiedis, Anthony mit Sloman, Larry: *Scar Tissue. Der Sänger der Red Hot Chili Peppers – Die Autobiographie*, Köln 2005.
Flea: *Acid for the Children. A Memoir*, London 2019.
Mullen, Brendan: *Red Hot Chili Peppers*, München 2011.

Party On Your Pussy

Apter, Jeff: *Fornication. The Red Hot Chili Peppers Story*, London 2004.
Kiedis, Anthony mit Sloman, Larry: *Scar Tissue. Der Sänger der Red Hot Chili Peppers – Die Autobiographie*, Köln 2005.

Baby Appeal

Apter, Jeff: *Fornication: The Red Hot Chili Peppers Story*, London 2004.
Kiedis, Anthony und Sloman, Larry Ratso: *Scar Tissue*, Köln 2005.

Storm in a Teacup

Apter, Jeff: *Fornication. The Red Hot Chili Peppers Story*, London 2004.
Kiedis, Anthony mit Sloman, Larry: *Scar Tissue. Der Sänger der Red Hot Chili Peppers – Die Autobiographie*, Köln 2005.
Hagen, Dave: »Jack Sherman Interview by Dave Hagen (2002)«: http://thechilisource.com/2020/08/jack-sherman-interview-by-dave-hagen-2002/ (zuletzt aufgerufen am 15.11.2022).

True Men Don't Kill Coyotes

Apter, Jeff: *Fornication. The Red Hot Chili Peppers Story*, London 2004.

Kiedis, Anthony mit Sloman, Larry: *Scar Tissue. Der Sänger der Red Hot Chili Peppers – Die Autobiographie*, Köln 2005.

Mullen, Brendan: *Red Hot Chili Peppers*, München 2011.

Red Hot Chili Peppers Recording Session Archive, 1984 – The Red Hot Chili Peppers: https://www.rhcpsessions.com/1984-the-red-hot-chili-peppers (zuletzt aufgerufen am 15.11.2022).

Can't Stop

Kiedis, Anthony mit Sloman, Larry: *Scar Tissue. Der Sänger der Red Hot Chili Peppers – Die Autobiographie*, Köln 2005.

setlist.fm, Concert Map 1984: https://www.setlist.fm/stats/concert-map/red-hot-chili-peppers-13d68969.html?year=1984 (zuletzt aufgerufen am 15.11.2022).

If You Want Me To Stay

Kiedis, Anthony mit Sloman, Larry: *Scar Tissue. Der Sänger der Red Hot Chili Peppers – Die Autobiographie*, Köln 2005.

setlist.fm, Concert Map 1985: https://www.setlist.fm/stats/concert-map/red-hot-chili-peppers-13d68969.html?year=1985 (zuletzt aufgerufen am 15.11.2022).

Apter, Jeff: *Fornication. The Red Hot Chili Peppers Story*, London 2004.

Freaky Styley

Apter, Jeff: *Fornication. The Red Hot Chili Peppers Story*, London 2004.

Kiedis, Anthony mit Sloman, Larry: *Scar Tissue. Der Sänger der Red Hot Chili Peppers – Die Autobiographie*, Köln 2005.

Red Hot Chili Peppers Recording Session Archive, 1985 – Freaky Styley: https://www.rhcpsessions.com/1985-freaky-styley (zuletzt aufgerufen am 15.11.2022).

The Drummer

Apter, Jeff: *Fornication. The Red Hot Chili Peppers Story*, London 2004.

Kiedis, Anthony mit Sloman, Larry: *Scar Tissue. Der Sänger der Red Hot Chili Peppers – Die Autobiographie*, Köln 2005.

Red Hot Chili Peppers – Live – Rockpalast, Germany (1985): https://www.youtube.com/watch?v=KvoDMYZmBhU (zuletzt aufgerufen am 15.11.2022).

Millionaires Against Hunger

Apter, Jeff: *Fornication. The Red Hot Chili Peppers Story*, London 2004.

Kiedis, Anthony mit Sloman, Larr: *Scar Tissue. Der Sänger der Red Hot Chili Peppers – Die Autobiographie*, Köln 2005.

Behind the Sun

Apter, Jeff: *Fornication. The Red Hot Chili Peppers Story*, London 2004.

Kiedis, Anthony mit Sloman, Larry: *Scar Tissue. Der Sänger der Red Hot Chili Peppers – Die Autobiographie*, Köln 2005.

The Uplift Mofo Party Plan

Apter, Jeff: *Fornication. The Red Hot Chili Peppers Story*, London 2004.

Kiedis, Anthony mit Sloman, Larry: *Scar Tissue. Der Sänger der Red Hot Chili Peppers – Die Autobiographie*, Köln 2005.

Mullen, Brandon: *Red Hot Chili Peppers*, München 2011.

Chelin, Pamela: »Capitol Records Architect Louis Naidorf Sets the Record Straight on Myth of Tower's Iconic Design«: https://www.billboard.com/pro/capitol-records-architect-louis-naidorf-spotlight-interview/ (zuletzt aufgerufen am 15.11.2022).

Red Hot Chili Peppers Recording Session Archive, 1987 – The Uplift Mofo Party Plan: https://www.rhcpsessions.com/1987-the-uplift-mofo-party-plan (zuletzt aufgerufen am 15.11.2022).

Knock Me Down

Apter, Jeff: *Fornication. The Red Hot Chili Peppers Story*, London 2004.

Kiedis, Anthony mit Sloman, Larry: *Scar Tissue. Der Sänger der Red Hot Chili Peppers - Die Autobiographie*, Köln 2005.

Mullen, Brandon: *Red Hot Chili Peppers,* München 2011.

setlist.fm, Concert Map 1988: https://www.setlist.fm/stats/concert-map/red-hot-chili-peppers-13d68969.html?year=1988 (zuletzt aufgerufen am 15.11.2022).

Good Time Boys

Apter, Jeff: *Fornication. The Red Hot Chili Peppers Story*, London 2004.

Kiedis, Anthony mit Sloman, Larry: *Scar Tissue. Der Sänger der Red Hot Chili Peppers - Die Autobiographie*, Köln 2005.

Mullen, Brendan: *Red Hot Chili Peppers,* München 2011.

Funky Monks

Apter, Jeff: *Fornication. The Red Hot Chili Peppers Story*, London 2004.

Kiedis, Anthony mit Sloman, Larry: *Scar Tissue. Der Sänger der Red Hot Chili Peppers - Die Autobiographie*, Köln 2005.

Mullen, Brendan: *Red Hot Chili Peppers,* München 2011.

Mother's Milk

Apter, Jeff: *Fornication. The Red Hot Chili Peppers Story*, London 2004.

Kiedis, Anthony mit Sloman, Larry: *Scar Tissue. Der Sänger der Red Hot Chili Peppers - Die Autobiographie*, Köln 2005.

Red Hot Chili Peppers Recording Session Archive, 1988–1989 - Mothers Milk: https://www.rhcpsessions.com/19881989-mothers-milk (zuletzt aufgerufen am 15.11.2022).

Sir Psycho Sexy

Apter, Jeff: *Fornication. The Red Hot Chili Peppers Story*, London 2004.

Kiedis, Anthony mit Sloman, Larry: *Scar Tissue. Der Sänger der Red Hot Chili Peppers - Die Autobiographie*, Köln 2005.

Golsen. Tayler: »Inside the details of Anthony Kiedis‹ troubling sexual assault history«: https://faroutmagazine.co.uk/anthony-kiedis-sexual-assault-history-details/ (zuletzt aufgerufen am 15.11.2022).

Blood Sugar Sex Magik

Apter, Jeff: *Fornication. The Red Hot Chili Peppers Story*, London 2004.

Kiedis, Anthony mit Sloman, Larry: *Scar Tissue. Der Sänger der Red Hot Chili Peppers – Die Autobiographie*, Köln 2005.

Mullen, Brendan: *Red Hot Chili Peppers,* München 2011.

Red Hot Chili Peppers Recording Session Archive, 1991 – Blood Sugar Sex Magik: https://www.rhcpsessions.com/1991-blood-sugar-sex-magik (zuletzt aufgerufen am 15.11.2022).

Red Hot Chili Peppers: »Funky Monks« Uncut Full Documentary: https://www.youtube.com/watch?v=z0tTJ4SakE0 (zuletzt aufgerufen am 15.11.2022).

Radio Bob: »Fakten über ‚Blood Sugar Sex Magik', die Ihr nicht kanntet«: https://www.radiobob.de/fakten-ueber-blood-sugar-sex-magik-die-ihr-nicht-kanntet (zuletzt aufgerufen am 15.11.2022).

Johnny, Kick A Hole in The Sky

Apter, Jeff: *Fornication. The Red Hot Chili Peppers Story*, London 2004.

Kiedis, Anthony mit Sloman, Larry: *Scar Tissue. Der Sänger der Red Hot Chili Peppers – Die Autobiographie*, Köln 2005.

Mullen, Brendan: *Red Hot Chili Peppers,* München 2011.

Red Hot Chili Peppers Under The Bridge Saturday Night Live 1992: https://www.youtube.com/watch?v=9nZ64GZsZJg (zuletzt aufgerufen am 15.11.2022).

setlist.fm, Concert Map 1992: https://www.setlist.fm/stats/concert-map/red-hot-chili-peppers-13d68969.html?year=1992 (zuletzt aufgerufen am 15.11.2022).

Higher Ground

Apter, Jeff: *Fornication. The Red Hot Chili Peppers Story*, London 2004.

Kiedis, Anthony mit Sloman, Larry: *Scar Tissue. Der Sänger der Red Hot Chili Peppers – Die Autobiographie*, Köln 2005.

John Frusciante – Stuff: https://www.youtube.com/watch?v=7XvS4LITRkI (zuletzt aufgerufen am 15.11.2022).

John Frusciante's Lost Years of Addiction Away From The Red Hot Chili Peppers: https://www.youtube.com/watch?v=bdyhng1vtk4 (zuletzt aufgerufen am 15.11.2022).

Warped

Apter, Jeff: *Fornication. The Red Hot Chili Peppers Story*, London 2004.
Kiedis, Anthony mit Sloman, Larry: *Scar Tissue. Der Sänger der Red Hot Chili Peppers - Die Autobiographie*, Köln 2005.
Mullen, Brandon: *Red Hot Chili Peppers*, München 2011.
Red Hot Chili Peppers Recording Session Archive, 1994–1995 - One Hot Minute: https://www.rhcpsessions.com/19941995-one-hot-minute (zuletzt aufgerufen am 15.11.2022).

Road Trippin'

Apter, Jeff: *Fornication. The Red Hot Chili Peppers Story*, London 2004.
Kiedis, Anthony mit Sloman, Larry: *Scar Tissue. Der Sänger der Red Hot Chili Peppers - Die Autobiographie*, Köln 2005.
Mullen, Brendan: *Red Hot Chili Peppers*, München 2011.
Red Hot Chili Peppers Recording Session Archive, 1998–1999 - Californication: https://www.rhcpsessions.com/19981999-californication, (zuletzt aufgerufen am 15.11.2022).

Fire

Apter, Jeff: *Fornication. The Red Hot Chili Peppers Story*, London 2004.
Kiedis, Anthony mit Sloman, Larry: *Scar Tissue. Der Sänger der Red Hot Chili Peppers - Die Autobiographie*, Köln 2005.
Crawford, Jamie (Regie): *Trainwreck. Woodstock '99*, Netflix, USA 2022.

Universally Speaking

Apter, Jeff: *Fornication. The Red Hot Chili Peppers Story*, London 2004.

Kiedis, Anthony mit Sloman, Larry: *Scar Tissue. Der Sänger der Red Hot Chili Peppers – Die Autobiographie*, Köln 2005.

Mullen, Brendan: *Red Hot Chili Peppers*, München 2011.

Red Hot Chili Peppers Recording Session Archive, 2001–2002 – By The Way: https://www.rhcpsessions.com/20012002-by-the-way (zuletzt aufgerufen am 15.11.2022).

setlist.fm, Concert Map »By The Way«: https://www.setlist.fm/stats/concert-map/red-hot-chili-peppers-13d68969.html?tour=23deb8cb (zuletzt aufgerufen am 15.11.2022).

Red Hot Chili Peppers – Live at Slane Castle 2003 Full Concert (High Quality): https://www.youtube.com/watch?v=FmrGz8qSyrk&t=3008s (zuletzt aufgerufen am 15.11.2022).

Now I'm Lost

Mullen, Brendan: Red Hot Chili Peppers, München 2011.

Cordas, Alexander: »Hammerhartes und intensives musikalisches Statement. Review von Alexander Cordas«: https://www.laut.de/The-Mars-Volta/Alben/De-Loused-In-The-Comatorium-4472 (zuletzt aufgerufen am 15.11.2022).

Stadium Arcadium

Mullen, Brendan: *Red Hot Chili Peppers*, München 2011.

Stadium Arcadium Documental Full Subtitulado: https://www.youtube.com/watch?v=XO06RsDf1OQ (zuletzt aufgerufen am 15.11.2022).

Red Hot Chili Peppers Recording Session Archive, 2005 – Stadium Arcadium, https://www.rhcpsessions.com/2005-stadium-arcadium (zuletzt aufgerufen am 15.11.2022).

setlist.fm, Concert Map 2006: https://www.setlist.fm/stats/concert-map/red-hot-chili-peppers-13d68969.html?year=2006 (zuletzt aufgerufen am 15.11.2022).

Factory of Faith

Mullen, Brendan: *Red Hot Chili Peppers,* München 2011.

Red Hot Chili Peppers Recording Session Archive, 2010–2011 – I'm With You: https://www.rhcpsessions.com/20102013-im-with-you (zuletzt aufgerufen am 15.11.2022).

Red Hot Chili Peppers – Rock And Roll Hall of Fame Induction [HD]: https://www.youtube.com/watch?v=dEui0E4cXG0 (zuletzt aufgerufen am 15.11.2022).

We Turn Red

Red Hot Chili Peppers Recording Session Archive, 2015–2016 – The Getaway: https://www.rhcpsessions.com/20142016-the-getaway (zuletzt aufgerufen am 15.11.2022).

Consequence.net: »Flea had to relearn bass after breaking his arm on a snowboarding trip«: https://consequence.net/2016/06/flea-had-to-relearn-bass-after-breaking-his-arm-on-a-snowboarding-trip/ (zuletzt aufgerufen am 15.11.2022).

Return of the Dream Canteen

Knoettig, Martina: »Deshalb hat John Fruscians Rückkehr das Leben der Red Hot Chili Peppers verändert«: https://www.rollingstone.de/john-frusciantes-rueckkehr-red-hot-chili-peppers-interview-2408337/ (zuletzt aufgerufen am 15.11.2022).

Red Hot Chili Peppers Recording Session Archive, 2020–2021 – Unlimited Love Canteen: https://www.rhcpsessions.com/2022-unlimited-love-canteen (zuletzt aufgerufen am 15.11.2022).

ÜBER DEN AUTOR

Paul Christoph Gäbler wurde in eine Musikerfamilie hineingeboren und war eigentlich mal Schauspieler. Nach Rollen als Neonazi, Strichjunge und Fußballtorwart sehnte er sich nach einem normalen Leben, studierte Geschichte, Politik und Soziologie in Berlin und arbeitet seitdem als freier Journalist, Podcaster und Fotograf unter anderem für die FAZ, die NZZ und den *Tagesspiegel*.

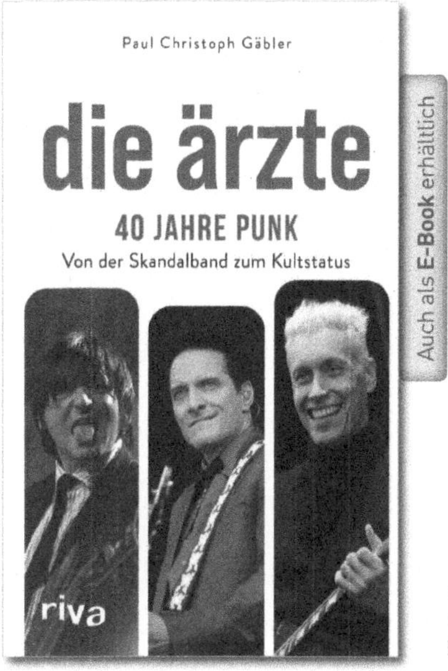

128 Seiten
10,00€ (D) | 10,30€ (A)
ISBN 978-3-7423-2231-9

Gäbler, Paul Christoph

Die Ärzte – 40 Jahre Punk

Von der Skandalband zum Kultstatus

Mit welcher Aktion schafften es die Ärzte 2001 ins Guinness-Buch der Rekorde? Wieso erfüllte sich für Bela B. ein großer Traum, als er Kinokarten abreißen durfte? Und warum mag die Berliner Band ihren Song »Männer sind Schweine« nicht mehr?

Das ä mit den drei Punkten deutet es schon an: Bei den Ärzten handelt es sich nicht um eine gewöhnliche Band – nein, es ist die beste Band der Welt. Seit 1982 hat sie mit ihren spaßig-provokanten Songs, ihren pointiert-bissigen Texten und ihrem sozialen Engagement, z. B. gegen Fremdenhass und für die Umwelt, Generationen von Punkrockfans geprägt und seitdem allerhand Spannendes erlebt. Das Beste hat Paul Christoph Gäbler in unterhaltsam-informativen Anekdoten festgehalten. Eine Reise durch 40 Jahre Ärzte-Kult.

riva